Klett Lektürehilfen

Friedrich Schiller

Wilhelm Tell

Interpretationshilfe für die 8.–10. Klasse

von
Herbert Becker

Klett Lerntraining

Herbert Becker, ehemaliger Studiendirektor am Robert-Schuman-Gymnasium in Saarlouis und Fachleiter für Deutsch am Staatlichen Studienseminar für das Lehramt an Gymnasien und Gesamtschulen im Saarland

> Die Textzitate folgen der Ausgabe: Friedrich Schiller: Wilhelm Tell. Schauspiel. Mit Anmerkungen von Josef Schmidt. Stuttgart: Reclam, 2014 (Reclams Universal-Bibliothek Nr. 12).

49 Pakeha (Eigenes Werk) [CC BY-SA 3.0 (http://creativecommons.org/licenses/by-sa/3.0)], via Wikimedia Commons; **67** Thinkstock, München (Tieneder); **79** Ernst Stückelberg [Public domain], via Wikimedia Commons

Bibliografische Information der Deutschen Nationalbibliothek
Die Deutsche Nationalbibliothek verzeichnet diese Publikation in der Deutschen Nationalbibliografie; detaillierte bibliografische Daten sind im Internet über http://dnb.dnb.de abrufbar

Dieses Werk folgt der reformierten Rechtschreibung und Zeichensetzung. Ausnahmen bilden Texte, bei denen künstlerische, philologische oder lizenzrechtliche Gründe einer Änderung entgegenstehen.

Das Werk und seine Teile sind urheberrechtlich geschützt. Jede Nutzung in anderen als den gesetzlich zugelassenen Fällen bedarf der vorherigen schriftlichen Einwilligung des Verlages. Hinweis zu § 52a UrhG: Weder das Werk noch seine Teile dürfen ohne eine solche Einwilligung eingescannt und in ein Netzwerk eingestellt werden. Dies gilt auch für Intranets von Schulen und sonstigen Bildungseinrichtungen. Fotomechanische Wiedergabe nur mit Genehmigung des Verlages.

3. Auflage 2020

© PONS GmbH, Stöckachstraße 11, 70190 Stuttgart 2017
Alle Rechte vorbehalten.
www.klett-lerntraining.de
kundenservice@klett-lerntraining.de
Umschlagfoto: Fotolia, New York (Georgios Kollidas)
Satz: DOPPELPUNKT, Stuttgart
Druck: medienhaus Plump GmbH, Rheinbreitbach
Printed in Germany
ISBN 978-3-12-923109-8

1 Inhaltsangabe und erste Deutungsaspekte

Die Dramenhandlung und ihr Verlauf ... 5

Erster Aufzug ... 7
Zweiter Aufzug ... 10
Dritter Aufzug ... 13
Vierter Aufzug ... 17
Fünfter Aufzug ... 20

2 Analyse und Interpretation

Der Aufbau des Dramas ... 23

Die Sprache ... 25

Die Personen ... 27

Zur Konstellation ... 27
Wilhelm Tell ... 29
Werner Stauffacher ... 33
Walther Fürst ... 36
Arnold vom Melchthal ... 38
Ulrich von Rudenz ... 41
Werner, Freiherr von Attinghausen ... 44
Herrmann Geßler ... 46
Johannes Parricida ... 51
Bertha von Bruneck ... 52
Hedwig ... 54
Gertrud Stauffacher ... 56

Themen ... 58

Staat, Gesellschaft und Revolution ... 58
Tell – ein Held? ... 62
Schillers Drama als Spiegel der klassischen Welt- und Kunstanschauung ... 66

Der historische Hintergrund ... 68

Die Tell-Gestalt ... 68
Geschichte der Eidgenossenschaft ... 69

Verfasser und Werk ... 71

Friedrich Schiller: Leben und Werk ... 71
Entstehung des Dramas *Wilhelm Tell* ... 75
Zeitgeschichtlicher Rahmen ... 75
Wirkungsgeschichte ... 77

3 Schnellcheck

Übersicht 1: Gegenüberstellung der Gemeinsamkeiten und Unterschiede zwischen klassischem Regeldrama und Schillers *Wilhelm Tell* 82
Übersicht 2: Zentrale Themen in *Wilhelm Tell* 83
Übersicht 3: Die Hauptpersonen – Kurzcharakteristik und Rollenbeschreibung 84
Übersicht 4: Der Aufbau des Dramas 86
Übersicht 5: Die Personenkonstellation 87
Übersicht 6: Vergleich zwischen der geschichtlichen Überlieferung und Schillers Drama 88

4 Prüfungsaufgaben und Lösungen

1. Die Rolle Tells im Freiheitskampf der Schweizer 92
2. Entstehung, Verlauf und Funktion der Rütli-Versammlung 95
3. Die Apfelschuss-Szene (III,3) 98
4. Die Frauengestalten 101
5. Vergleich der Szenen I,1 und V,2 104

Literaturhinweise 107
Stichwortverzeichnis 109

① Inhaltsangabe und erste Deutungsaspekte

Die Dramenhandlung und ihr Verlauf

Die Bevölkerung in den Schweizer Kantonen leidet in der spätmittelalterlichen Zeit unter der tyrannischen Herrschaft von Landvögten, die die zur Zeit Kaiser Friedrichs II. verliehenen traditionellen Freiheitsrechte abschaffen und das Schweizer Volk der habsburgischen Herrschaft unterstellen wollen. Damit würden die reichsunmittelbaren, also nur dem König oder Kaiser verantwortlichen Bauern zu Erbuntertanen und würden ihre Unabhängigkeit und Freiheitsrechte verlieren. Gegen diese Pläne formiert sich in wachsendem Maße Widerstand, der aber von den Vögten brutal unterdrückt wird. Die Handlung von Schillers Drama beginnt mit der Flucht des Landmanns Baumgarten aus Uri vor den Soldaten des Landvogts Wolfenschießen. Er entgeht seiner Verhaftung nur durch eine waghalsige Rettungsfahrt Tells, der ihn an das jenseitige Ufer des Vierwaldstätter Sees bringt.

Auf Initiative dreier angesehener Landleute, Werner Stauffacher, Walther Fürst und Arnold vom Melchthal, entsteht in den drei Kantonen Schwyz, Uri und Unterwalden der Plan eines gemeinsamen Aufstandes. Formell beschlossen wird dieser Aufstand auf dem Rütli, einer Bergwiese am westlichen Ufer eines Arms des Vierwaldstätter Sees. Dort versammeln sich Vertreter der drei Kantone des Nachts und schwören sich gegenseitig Beistand. Sie erneuern damit ihren alten Bundesschwur und wollen noch vor dem Weihnachtsfest in einer landesweiten gemeinsamen Aktion die verhassten Vögte verjagen. Die Tyrannei in den Kantonen Schwyz und Uri findet ihren sichtbaren Ausdruck in dem Gebot Geßlers, seinen im Zentrum von Altdorf aufgestellten Hut ehrfürchtig zu grüßen.

Als Tell in Begleitung seines ältesten Sohnes achtlos an dem Hut vorübergeht, wird er gefangen genommen und

Inhaltsangabe und erste Deutungsaspekte

von Geßler gezwungen, einen Apfel vom Kopf seines Sohnes zu schießen, um damit dem Todesurteil zu entgehen. Obwohl ihm dies gelingt, bricht Geßler sein ihm vorher gegebenes Versprechen, als Tell ihm gesteht, dass er ihn mit seinem zweiten Pfeil getötet hätte, wenn er sein Kind getroffen hätte. Geßler verzichtet zwar auf das Todesurteil, lässt Tell aber ins Gefängnis abführen. Damit erreicht die Auseinandersetzung mit den tyrannischen Vögten ihren Höhe- und Wendepunkt.

Während der Überfahrt ins Gefängnis auf Geßlers Schiff kann sich Tell bei stürmischer See durch einen gewagten Sprung ans Ufer retten. Er lauert dem Vogt auf seinem Weg nach Küssnacht (im Dramentext: Küßnacht) in der hohlen Gasse, einem Hohlweg (vgl. die Abbildung S. 49), auf und tötet ihn. Die Nachricht von Geßlers Ermordung ist das Fanal zum Aufstand, der dann vorzeitig beginnt und mit der Eroberung der Burgen und der Vertreibung der übrigen Vögte erfolgreich endet.

Unmittelbar darauf wird der König von seinem Neffen Johannes, Herzog von Schwaben, der sich um sein Erbe betrogen sieht, heimtückisch ermordet. Der Mörder, der sich als Mönch Parricida ausgibt, sucht Zuflucht im Hause Tells, wird aber von diesem abgewiesen und zum Papst nach Rom geschickt, um dort die Absolution zu erhalten. Tell lehnt einen Vergleich seiner Tat mit dem Königsmord strikt ab. Seine Mordtat sieht er als moralisch gerechtfertigt an.

Die Textzitate in der folgenden Inhaltsangabe beziehen sich auf die im Impressum (S. 2) genannte Ausgabe. Da nach Versen zitiert wird, ist jedoch auch die Arbeit mit anderen Ausgaben möglich, sofern sie über eine Verszählung verfügen. Es ist lediglich zu beachten, dass Unterschiede in der Rechtschreibung bestehen können, je nachdem ob und in welchem Umfang sich ein Herausgeber für eine Modernisierung entschieden hat. Da die hier zugrunde gelegte Textausgabe Erläuterungen zu schwer verständlichen Begriffen und Anspielungen enthält, wurde darauf in der folgenden Darstellung des Inhalts verzichtet, soweit sie nicht für die Interpretation wichtig sind.

Erster Aufzug

> **KURZINFO**
>
> **Die Tyrannei der Landvögte in den Urkantonen**
> - In Unterwalden hat Baumgarten den Landvogt Wolfenschießen mit der Axt erschlagen, als dieser seine Frau vergewaltigen wollte.
> - Er kann sein Leben nur retten, weil ihn Tell trotz stürmischen Wetters an das andere Ufer des Vierwaldstätter Sees rudert.
> - Im Kanton Schwyz ist Stauffacher mit dem Landvogt Geßler in Konflikt geraten. Im Gespräch mit seiner Frau Gertrud reift in ihm der Entschluss zu einem gemeinsamen Aufstand der Kantone.
> - In Uri lässt Geßler in Fronarbeit eine Zwingburg errichten und plant im Zentrum von Altdorf einen Hut aufzustellen, den jeder Vorbeikommende grüßen muss. Bei Nichtbeachtung drohen Verhaftung und Todesstrafe.
> - Melchthal aus Unterwalden findet Unterschlupf im Hause Walther Fürsts, Tells Schwiegervater. Er hat einem ihn provozierenden Knecht des Landvogts einen Finger gebrochen und konnte fliehen. Sein Vater wurde an seiner Statt verhaftet, auf beiden Augen geblendet und ins Gefängnis geworfen.
> - Stauffacher, Walther Fürst und Melchthal verabreden, sich mit Vertretern aus den drei Kantonen nachts auf dem Rütli zu treffen, um das weitere Vorgehen gegen die Tyrannei zu besprechen.

Erste Szene

Die Handlung beginnt mit einer schweizerischen Landidylle am Vierwaldstätter See. Ein Fischerknabe in einem am Seeufer liegenden Kahn begleitet mit einem Lied den beginnenden Almabtrieb, während ein Gewitter aufzieht. Ein Hirte und ein Alpenjäger stimmen in das Lied ein, indem sie es variieren. Kuoni führt die Kühe des Freiherrn von Attinghausen ins Tal, auch der Alpenjäger Werni ist von den Bergen herabgestiegen. Man will sich vor dem drohenden Unwetter in Sicherheit bringen.

Trügerische Idylle

Die friedliche Idylle wird durch das Eintreffen Konrad Baumgartens abrupt zerstört. Er ist auf der Flucht vor den Reitern des Landvogts Wolfenschießen, die ihn verfolgen. In einem kurzen Gespräch mit dem Fischer Ruodi gesteht Baumgarten, dass er den Landvogt mit der Axt erschlagen hat, nachdem dieser in sein Haus eingedrungen sei und seine Frau verführen wollte. Um sein Leben zu retten, solle ihn der Fischer sofort ans andere Seeufer bringen. Dies aber hält Ruodi wegen des aufziehenden Unwetters für zu gefährlich und verweigert ihm die Überfahrt. Er fürchtet um sein eigenes Leben und verweist auf seine Verantwortung für Frau und Kind. Der

Inhaltsangabe und erste Deutungsaspekte

Tell rettet Baumgarten

zufällig vorbeikommende Tell weiß zwar auch um die Gefahr, übernimmt aber spontan das Ruder und rettet so Baumgarten in letzter Minute vor den heranstürmenden Reitern des Landvogts, die aus Rache die Schafherde niederrennen und die Fischerhütte zerstören. Die verzweifelte Klage Ruodis am Ende der Szene („Wann wird der Retter kommen diesem Lande?", V. 182) verweist auf den bevorstehenden Konflikt zwischen den Eidgenossen und den Landvögten.

Zweite Szene

Vor seinem Haus in Steinen im Kanton Schwyz unterhält sich Werner Stauffacher mit Pfeiffer von Luzern, der auf der Durchreise ist. Wieder klingt hier das Thema der Unterdrückung an. Pfeiffer rät seinen Landsleuten, an der Treue zum Kaiser festzuhalten und sich nicht auf die Seite Österreichs und damit des Hauses Habsburg zu stellen, sondern auf einen zukünftigen neuen Kaiser zu hoffen.

Erste Pläne für einen Aufstand

Das Gespräch mit seiner Frau Gertrud lenkt den Blick erneut auf die unerträgliche politische und gesellschaftliche Lage im Kanton Schwyz. Der freie und wohlhabende Landmann Stauffacher kann sich seit seiner Begegnung mit dem Reichsvogt Geßler seines Wohlstands nicht mehr so recht freuen, weil dieser ihm seinen Status als freier Lehnsmann des Kaisers absprach und ihm androhte, ihn zu einem untertänigen Bauern des Hauses Habsburg herabzustufen. Gertrud rät ihrem Mann, diesem Plan zuvorzukommen, und fordert ihn zum gewaltsamen Widerstand gegen Geßler auf. Im Bund mit Uri und Unterwalden sollten die Landvögte verjagt werden. Die Bedenken ihres Mannes gegen einen Krieg, der auch unschuldige Opfer fordere, lässt Gertrud ebenso wenig gelten wie seinen Verweis auf die hoffnungslose militärische Unterlegenheit des Bauern- und Hirtenvolkes.

Gertrud fordert den gemeinsamen Aufstand

Erst als Gertrud ihm ihre Bereitschaft erklärt, auch das eigene Leben nicht zu schonen und im Falle eines Scheiterns sogar Selbstmord zu begehen, ist Stauffacher bereit, seinen Freund Walther Fürst in Uri aufzusuchen, um gemeinsam mit ihm und dem Freiherrn von Attinghausen den Widerstand zu planen. Beim Weggang trifft er noch auf Tell und Baumgarten, denen offenbar die

Die Dramenhandlung und ihr Verlauf

Flucht geglückt ist. Auf Anraten Tells findet Baumgarten im Hause Stauffachers Unterschlupf.

Dritte Szene

In Altdorf im Kanton Uri wird der Leser/Zuschauer Zeuge der brutalen Fronarbeit beim Bau der Burg „Zwing Uri", deren Name Symbol ist. Landvogt Geßler lässt sie als Abschreckung gegen jegliche Opposition errichten. Stauffacher, der mit Tell an der Baustelle vorbeikommt, erfährt von einem Ausrufer, dass Geßler beabsichtigt, seinen Hut auf einer hohen Stange im Zentrum von Altdorf zur Schau zu stellen, den alle im Vorbeigehen als Zeichen ihrer Ergebenheit kniefällig grüßen sollen. Jede Weigerung oder Missachtung werde mit Gefängnis, ja sogar mit dem Tode bestraft. Stauffacher zeigt sich zutiefst betroffen und möchte diese Verordnung weiter mit Tell besprechen. Tell jedoch geht einem intensiveren Gespräch aus dem Weg. Statt eines Aufstandes rät er zu „Geduld und Schweigen" (V. 420), bietet aber seine Hilfe an, wenn sie dringend gebraucht werde:

<small>Bau der Burg „Zwing Uri"</small>

<small>Tell rät zu Geduld und Schweigen</small>

> „Bedürft ihr meiner zu bestimmter T a t,
> Dann ruft den Tell, es soll an mir nicht fehlen."
> (V. 444 f.)

Unmittelbar danach verunglückt ein Dachdecker tödlich. Die herbeigeeilte Bertha von Bruneck kommt zu spät, um noch helfen zu können, und verflucht daraufhin den Bau der Burg.

Vierte Szene

In der Wohnung von Tells Schwiegervater Walther Fürst im Kanton Uri treffen Stauffacher und Arnold vom Melchthal gemeinsam ein. Melchthal ist auf der Flucht, weil er einem Knecht des Landvogts einen Finger gebrochen hat, als dieser ihm einen Ochsen ausspannte, nachdem er ihn auf unverschämte Weise provoziert hatte mit der Bemerkung „Wenn der Bauer Brot / Wollt' essen, mög er selbst am Pfluge ziehn!" (V. 475 f.). Melchthal ist auf der Suche nach seinem Vater, der an seiner Statt verhaftet wurde.

Das folgende Gespräch zwischen Stauffacher und Walther Fürst macht deutlich, dass in allen Kantonen die

Inhaltsangabe und erste Deutungsaspekte

Melchthals Vater wurde gefoltert und geblendet

gleiche Unterdrückung herrscht. Von Stauffacher erfährt Walther Fürst auch das weitere Schicksal von Melchthals Vater. Er wurde gefoltert, auf beiden Augen geblendet und ins Gefängnis geworfen. Der junge Melchthal, der sich im Nebenzimmer versteckt hielt und so dieses Gespräch mitgehört hat, gerät dadurch außer sich vor Wut und fordert den sofortigen gemeinsamen Aufstand. Nach anfänglichen Bedenken willigt Walther Fürst ein. Melchthal wird nach Unterwalden entsandt, um auch diesen Kanton zu gewinnen. Auf dem Rütli sollen die drei Kantone mit je zehn Vertretern zu einer nächtlichen Versammlung zusammentreffen, um ihr weiteres Vorgehen abzusprechen.

Zweiter Aufzug

KURZINFO

Konkretisierung der Aufstandsvorbereitungen und Legitimation des gewaltsamen Widerstandes
- Freiherr von Attinghausen beschwört vor seinem Neffen und Erben Rudenz vergeblich die alten Werte und Freiheitsrechte der Schweiz.
- Rudenz hat sich aus Pragmatismus und aus Liebe zu Bertha von Bruneck auf die Seite der neuen Herren gestellt.
- Auf dem Rütli treten die Abordnungen aus den drei Kantonen zusammen.
- Sie begründen ihren Widerstand mit der Berufung auf ihre traditionellen, vom Kaiser verbrieften Rechte und mit dem zeitlos gültigen Naturrecht.
- Die in letzter Minute eingebrachten Kompromissvorschläge werden abgelehnt.
- Im Rütlischwur wird der alte Schweizer Bund erneuert.

Erste Szene

Freiherr von Attinghausen hat seinen Neffen Rudenz zu sich gebeten. Er ist alt geworden und wünscht, dass Rudenz seinen Hof nach seinem zu erwartenden Tod übernimmt. Deshalb will er dessen Haltung zu der aktuellen politisch-gesellschaftlichen Situation in der Schweiz erfahren. Bevor es zum Dialog zwischen den beiden kommt, nimmt der Freiherr traditionsgemäß mit seinen um ihn versammelten Knechten noch den Frühtrunk ein.

Streitgespräch Attinghausens mit Rudenz

Rudenz ist auf dem Weg zu Geßlers Burg in Altdorf und lässt sich nur widerwillig in ein Gespräch ein. Er hat mit der schweizerischen Tradition eines freien Bauerntums gebrochen und sich auf die Seite der neuen österreichischen Herren geschlagen, die für ihn eine neue Zeit einleiten. Zu Hause fühlt er sich deshalb als „Fremdling". Er wirft seinem Onkel vor, dass die Weigerung, sich Österreich zu unterwerfen und ausschließlich den König oder Kaiser als obersten Herrn anzuerkennen, nur eine Ausrede sei, um überhaupt keinen Herrn zu haben. Der schweizerische Bauernadel habe sich überlebt, gesellschaftliche Fortschritte und private Karriere seien nur mit Österreich zu verwirklichen.

Vergeblich beschwört Attinghausen die alten Werte der Heimat. Auch sein Vorwurf, ein Fürstenknecht zu sein, prallt an Rudenz ab. Er wechsele aus politischem Pragmatismus die Seite. Habsburg gehöre die Zukunft, Widerstand gegen die neuen Herren sei zwecklos, die Gegenwehr viel zu schwach, um erfolgreich zu werden. Schließlich gesteht Rudenz ein, dass auch seine Liebe zu Bertha von Bruneck ihn zu dieser Haltung verpflichte. Am Ende bleibt Attinghausen nur die Klage über den bevorstehenden und wohl nicht mehr aufzuhaltenden Untergang der alten Zeit:

> „Unter der Erde schon liegt Meine Zeit,
>   Wohl dem, der mit der Neuen nicht mehr braucht zu leben!"
> (V. 957 f.)

Rudenz liebt Bertha

Zweite Szene

Wie vereinbart treffen die Vertreter der drei Kantone in der Nacht auf dem Rütli ein. Die schicksalhafte Bedeutung dieser Versammlung wird durch ein ungewöhnliches Naturschauspiel unterstrichen: Im Mondlicht erscheint am Himmel ein blasser Regenbogen.

Zuerst trifft die Abordnung aus Unterwalden unter Führung Melchthals ein, anschließend die Repräsentanten aus Schwyz unter Führung Stauffachers. Melchthal berichtet, dass er seinen blinden Vater am Bettelstab gesehen und Rache geschworen habe. Er betont vor allem den Hass der gesamten Bevölkerung gegen die herrschende Tyrannei und ihren unbändigen Widerstandswillen. Melchthal hat sogar inkognito die beiden Burgen in Roßberg und Sarnen inspiziert, die Rachegelüste aber vorläufig noch unterdrückt. Zuletzt trifft die Gruppe aus Uri unter Führung von Walther Fürst ein. Als alle ver-

Versammlung auf dem Rütli

Inhaltsangabe und erste Deutungsaspekte

sammelt sind, bilden die 33 Männer einen Ring um eine Feuerstelle. Die Führungsrollen im bevorstehenden Kampf werden verteilt: Schwyz soll die politische, Uri die militärische Führung übernehmen. Die jetzige Versammlungsführung übernimmt der Senior der Anwesenden, Altlandammann Reding. Als Rechtfertigung des Widerstandes ruft Stauffacher die mühsame Besiedlungsgeschichte der Schweiz ins Gedächtnis und beschwört die vom Kaiser verbrieften Freiheitsrechte:

> „Nicht unter Fürsten beugten wir das Knie,
> Freiwillig wählten wir den Schirm des Kaisers."
> (V. 1212 f.)

Allein dem Kaiser waren sie zur Heeresfolge verpflichtet, d. h. sie mussten nur der Einberufung ins Heer durch den König oder Kaiser Folge leisten; sie verfügten über eine eigene Gerichtsbarkeit, nur das „Blutgericht" war dem Kaiser vorbehalten. Sogar gegen den Kaiser habe man sich erfolgreich zur Wehr gesetzt, als dieser eine unrechtmäßige Landnahme des Klosters Einsiedeln tolerierte und damit Rechtsbeugung beging. Selbstbewusst streicht Stauffacher die Eigenständigkeit und Wehrhaftigkeit der Schweiz heraus:

Rechtfertigung des Aufstandes

> „Kein Kaiser kann, was unser ist, verschenken.
> Und wird uns Recht versagt vom Reich, wir können
> In unsern Bergen auch des Reichs entbehren."
> (V. 1253–1255)

Eindeutig wird die Grenze der Tyrannenmacht aufgezeigt, das unveräußerliche und zeitlos gültige Naturrecht, das die Anwendung von Gewalt gegen Tyrannenmacht legitimiert. Die Aufforderung Pfarrer Rösselmanns, sich vom Reich zu trennen und die Hoheit Österreichs anzuerkennen, wird als Landesverrat gebrandmarkt. Ebenso wird der Vorschlag Redings, ihre Klagen dem König vorzutragen und so vielleicht eine friedliche Lösung zu erreichen, abgelehnt. Konrad Hunn, einer der anwesenden Landleute aus Schwyz, berichtet von seinem gescheiterten Versuch, beim Kaiser vorzusprechen. Man hat ihn abgewiesen, mit der Bemerkung, der Kaiser habe keine Zeit.

So bleibt am Ende nur der Aufstand. Dazu müssen die Burgen Roßberg und Sarnen bezwungen werden. Am Weihnachtsfest wollen sich mutige Männer unter das

Volk mischen, wenn die Abgaben zur Burg Sarnen gebracht werden, so in die Burg eindringen und von drinnen ein verabredetes Zeichen zum Angriff geben. Roßbergs Fall will Melchthal übernehmen. Nach dem Fall der Burgen soll der allgemeine Aufstand beginnen. So wird es mit einer Mehrheit von zwanzig gegen zwölf Stimmen beschlossen. Walther Fürst hofft immer noch auf ein Einlenken der Vögte, wenn sie das Volk in Waffen sehen und ihnen friedliches Geleit außer Landes zugesichert werde. Stauffacher aber rechnet mit massivem Widerstand Geßlers im Kanton Schwyz, wenn dessen Leben geschont werde. Als Dank für seine Rettung durch Tell erklärt sich Baumgarten bereit, Geßler zu töten. Damit ist die Zeit für den Rütlischwur, die Erneuerung das alten Schweizer Bundes gekommen:

Rütlischwur

> „Wir wollen sein ein einzig Volk von Brüdern,
> In keiner Not uns trennen und Gefahr.
> Wir wollen frei sein, wie die Väter waren,
> Eher den Tod, als in der Knechtschaft leben."
> (V. 1448–1451)

Dritter Aufzug

KURZINFO

Höhe- und Wendepunkt der Dramenhandlung mit Tells Verhaftung und der Apfelschuss-Szene

- Hedwig versucht vergeblich, Tell von einem Besuch bei ihrem Vater in Altdorf abzuhalten. Sie befürchtet, dass er in Unruhen verwickelt werden könnte.
- Tell beteuert, an Aufstandsvorbereitungen nicht beteiligt zu sein, und macht sich mit seiner Armbrust und in Begleitung seines Sohnes Walther auf den Weg.
- Während einer Jagd treffen Rudenz und Bertha aufeinander. Bertha wirft Rudenz Verrat an seiner Heimat und ihren Werten vor und öffnet ihm die Augen für die geschickte Heiratspolitik des Hauses Habsburg, deren Opfer auch sie sein solle.
- Rudenz wechselt daraufhin sofort die Seite, um auf diese Weise Bertha zur Frau zu gewinnen.
- Beim Vorbeigehen auf dem Platz in Altdorf hat Tell den Geßlerhut nicht beachtet und wird vom wachhabenden Frießhardt verhaftet.
- Geßler wirft ihm deshalb vor, ein Aufrührer zu sein, was Tell vehement bestreitet.
- Geßler nimmt seine Entschuldigung nicht an und verspricht sein Leben nur zu schonen, wenn er einen Apfel vom Kopf seines Sohnes schieße.
- Nach anfänglichem Zögern gelingt Tell dieser Schuss. Er entgeht aber seiner Verhaftung nicht, weil er Geßler auf dessen Nachfrage gesteht, dass er bei einem Misserfolg mit einem zweiten Pfeil ihn getötet hätte.

Inhaltsangabe und erste Deutungsaspekte

Erste Szene
Tell ist mit der Reparatur seines Gartentores beschäftigt, während seine Frau Hedwig sich um den Sohn Walther Sorgen macht, weil dieser schon mit der Armbrust umzugehen lernt. Tell zerstreut die Ängste seiner Frau mit dem Hinweis auf die Notwendigkeit, sich bei Gefahren aus eigener Kraft zur Wehr setzen zu können. Hedwigs Angst steigert sich noch, als Tell ihr mitteilt, ihren Vater in Altdorf zu besuchen, wo sich an diesem Tag auch der Landvogt Geßler aufhält. Sie befürchtet mögliche Unruhen, weil sich die Gerüchte um einen bevorstehenden Aufstand verdichtet haben. Deshalb solle Tell diesen Ort heute meiden.

| Hedwig warnt Tell vergeblich

Tell beteuert daraufhin, an Aufstandsvorbereitungen nicht beteiligt zu sein, sich aber auch nicht zu entziehen, falls seine Hilfe gebraucht werde. Auch den Einwand Hedwigs, dass sein Eintreten für Recht und Gerechtigkeit und seine Hilfsbereitschaft für Menschen in Not ihm letztlich gefährlich werden können, weil ihm im Ernstfall wohl niemand helfe, lässt Tell nicht gelten. Ebenso uneinsichtig zeigt er sich, als Hedwig ihn daran erinnert, dass gerade sein Eintreten für die Menschen in Not, wie z. B. die Rettung Baumgartens, ihm den Hass des Landvogts zugezogen hat. Auch diesen Einwand entkräftet Tell mit einem Gegenargument: Geßler sei ihm sogar zu Dank verpflichtet, weil er dessen Leben geschont habe, als er ihm bei einer Jagd allein gegenübergestanden hat. Hedwig kann schließlich nicht verhindern, dass Tell sich mit seiner Armbrust und seinem ältesten Sohn Walther, der ihn unbedingt begleiten will, auf den Weg nach Altdorf macht.

Zweite Szene
Während einer Jagd Geßlers in einer wilden Waldgegend hat sich Bertha von Bruneck von der Jagdgesellschaft entfernt. Sie sucht das Gespräch mit Rudenz, der ihr gefolgt ist. Dieser gesteht ihr seine Liebe, auch wenn er sich mit den adligen Mitbewerbern um die Gunst Berthas nicht messen könne, denn außer einem treuen Herzen könne er ihr nichts bieten. Zu seiner großen Überraschung wirft ihm Bertha Treulosigkeit gegenüber seinem Volk vor, weil er sich dem fremden österreichi-

schen Unterdrücker verkauft habe. Sie beteuert, ihre Hand eher Geßler zu schenken als einem „Naturvergessnen Sohn der Schweiz" (V. 1611), der sich zum Werkzeug der Unterdrücker machen lasse. Sie gesteht ihm gleichzeitig ihre Liebe, die sie aber nur erwidern könne, wenn er sich auf die Seite seines um Freiheit kämpfenden Volkes stelle. Schließlich weist sie ihn darauf hin, dass sich das Haus Habsburg durch eine gezielte Heiratspolitik auch ihre Güter einverleiben wolle. Sie will aber nicht das Opfer sein, um irgendeinen Günstling zu belohnen.

Diese Haltung und ihr Entschluss, in der befreiten Schweiz auch frei sein zu wollen, führen zu einem spontanen Sinneswandel bei Rudenz. Er wechselt nicht nur die Seite, sondern verspricht, sich an vorderster Front an dem Befreiungskampf zu beteiligen, um so ein doppeltes Ziel zu erreichen: Er kann seinen Verrat am Vaterland wiedergutmachen und gleichzeitig Bertha zur Frau gewinnen.

Bertha erreicht bei Rudenz einen Sinneswandel

Dritte Szene
Nun erreicht die Dramenhandlung ihren Höhepunkt. Mitten in Altdorf hat Geßler auf einer Stange seinen Fürstenhut aufstellen lassen und verlangt von jedem Vorbeikommenden, als Zeichen der Unterwerfung diesen Hut zu grüßen. Zur Überwachung und Kontrolle sind zwei Söldner postiert. Seit der Hut aufgestellt ist, meidet die Bevölkerung diesen Platz. Der von einem Krankenbesuch dort vorbeigehende Pfarrer Rösselmann verspottet sogar das Gebot, indem er sich mit der Monstranz hinter den Hut stellt und so das Allerheiligste statt des Hutes kniefällig verehren lässt.

Tell, der mit Sohn Walther zu seinem Schwiegervater unterwegs ist, erreicht den Platz, ohne Notiz von dem Hut zu nehmen. Er erklärt Walther gerade den fundamentalen Unterschied zwischen den freien Schweizer Bauern und den unter der Grundherrschaft stehenden abhängigen Bauern im Heiligen Römischen Reich. Als Walther den Hut entdeckt, will Tell weitergehen, wird aber von dem wachhabenden Frießhard verhaftet, weil er das Gebot des Grüßens verletzt habe. Pfarrer Rösselmann, Stauffacher, Melchthal und Walther Fürst wollen

Tell grüßt den Hut nicht

Inhaltsangabe und erste Deutungsaspekte

einschreiten, Tell lehnt aber ihre Hilfe ab mit der Begründung, er sei in der Lage, sich selbst zu helfen.

Im gleichen Augenblick trifft Geßler mit großem Gefolge ein, stellt Tell zur Rede und wirft ihm vor, ein Aufrührer zu sein, weil er den Hut nicht gegrüßt und damit ihm den Gehorsam verweigert habe. Tells Entschuldigung, dass er lediglich aus Unbedacht, nicht aus Verachtung nicht gegrüßt habe, lässt Geßler nicht gelten. Stattdessen macht er ein sadistisches Angebot: Weil Tell der Ruf des besten Schützen vorausgehe, soll er seiner Inhaftierung und dem Todesurteil nur entgehen, wenn er aus achtzig Schritt Entfernung durch einen einzigen Schuss mit seiner Armbrust einen Apfel vom Kopf seines Sohnes schieße. Berthas Bitte, einem Vater eine so entsetzliche und unmenschliche Tat zu ersparen, schenkt Geßler ebenso wenig Gehör wie dem Angebot Walther Fürsts, ihm die Hälfte seines Besitzes zu übergeben. Der Sohn vertraut dem Vater blind und zeigt keine Angst.

Geßler fordert den Apfelschuss

Beim ersten Versuch zittert Tell die Hand. Er lässt die Armbrust sinken und fordert Geßler auf, ihn auf der Stelle zu töten. Daraufhin zeigt Geßler sein geradezu teuflisches Wesen. Er will nicht Tells Leben, sondern auf diese Weise Rache nehmen für die Rettung Baumgartens und die für ihn unerträgliche menschliche Größe Tells, als dieser ihm in der Schlucht allein begegnet ist und ihn trotz dieser einzigartigen Gelegenheit nicht getötet hat. Rudenz unternimmt einen letzten Rettungsversuch: Er fordert Geßler zum ritterlichen Zweikampf auf, nachdem er ihm vorher öffentlich den Gehorsam verweigert hat.

Tell wird verhaftet

Währenddessen hat Tell seinen Pfeil abgeschossen, der Apfel ist durchbohrt worden und Walther blieb unverletzt. Geßler hält zunächst sein Wort, er schenkt Tell das Leben, möchte aber wissen, warum er einen zweiten Pfeil in seinen Köcher gesteckt hat. Er wiederholt sein Versprechen, im Gegenzug für diese Erklärung Tells Leben zu schonen. Als Tell ihm daraufhin erklärt, dass er ihn mit dem zweiten Pfeil erschossen hätte, wenn er sein Kind getroffen hätte, lässt Geßler ihn verhaften und ins Gefängnis abführen.

Die Dramenhandlung und ihr Verlauf

Vierter Aufzug

> **KURZINFO**
>
> **Die Dramenhandlung wird durch die Selbstbefreiung Tells und die Ermordung Geßlers zur endgültigen Entscheidung vorangetrieben**
> - Von dem in Seenot geratenen Boot Geßlers kann sich Tell durch einen gewagten Sprung auf eine Felsplatte retten und macht sich auf den Weg nach Küssnacht.
> - Freiherr von Attinghausen, der auf dem Sterbebett vergeblich auf die Ankunft seines Neffen wartet, beschreibt mit seinen letzten Worten ein visionäres Bild der freien Schweiz und fordert seine Landsleute zur Einigkeit auf.
> - Hedwig erhebt wegen des Apfelschusses schwere Vorwürfe gegen ihren Mann. Sie bezweifelt gleichzeitig, dass der Aufstand ohne ihn Erfolg haben werde.
> - Rudenz gelobt, sein Erbe im Geist des toten Onkels fortzuführen. Er tritt dem Bund der Eidgenossen bei und fordert den sofortigen Beginn des Aufstands.
> - In der hohlen Gasse erwartet Tell die Ankunft Geßlers, dessen Ermordung er als seine heilige Pflicht ansieht.
> - Sein Schuss trifft Geßler mitten ins Herz, als dieser erneut seine Brutalität gegenüber einer Bäuerin beweist, die für ihren unrechtmäßig inhaftierten Mann um Gnade bittet.

Erste Szene

Während auf dem Vierwaldstätter See ein heftiger Sturm tobt, trifft Kunz von Gersau am östlichen Seeufer einen auf ruhigeres Wetter wartenden Schiffer und seinen Jungen. Kunz berichtet, dass der Landvogt sich mit dem verhafteten Tell einschiffen wollte, um ihn ins Gefängnis zu bringen, wohl aber das Ende des Sturms abwarten müsse. Beide beklagen, dass mit der Inhaftierung Tells ihre Chance auf Befreiung von der Tyrannei geringer geworden ist, auch der offenbar nahe bevorstehende Tod des Freiherrn von Attinghausen lässt ihre Hoffnung weiter sinken.

Der Fischerknabe entdeckt das von den Sturmwellen hin und her geworfene Schiff des Landvogts. Alle sind sich sicher, dass das Schiff an den schroffen Klippen des Seeufers zerschellen wird. Während sie noch das Schicksal Tells beklagen, betritt dieser mit seiner Armbrust das Ufer und wirft sich Gott dankend zu Boden. Er berichtet, dass Geßler ihn in höchster Seenot von seinen Fesseln befreit hat und das Steuer übernehmen ließ. Mit einem kühnen Sprung auf eine Felsplatte habe er sich retten können. Er lässt sich von dem Fischerknaben ei-

Tell springt ans Ufer

nen Schleichweg nach Küssnacht beschreiben und bittet den Fischer, seiner Frau Hedwig auszurichten, dass er in Sicherheit ist. Über sein weiteres Vorhaben schweigt er sich aus.

Zweite Szene

Hedwig erhebt schwere Vorwürfe

Um den sterbenden Freiherrn von Attinghausen haben sich Walther Fürst, Baumgarten und Melchthal versammelt. In ihren Kreis stürzt Hedwig herein, um ihren Sohn zu sehen, der nach dem erfolgreichen Apfelschuss zu seinem Großvater gelaufen ist. Hedwig erhebt schwere Vorwürfe gegen ihren Gatten. Sie wirft ihm Herzlosigkeit vor, weil kein Vater ein solches Risiko für sein Kind eingehen dürfe. Als ihr daraufhin Baumgarten Gefühllosigkeit für Tells Leiden vorwirft, gibt sie diesen Vorwurf an ihn zurück, weil er wie auch alle anderen Zeugen bei der Verhaftung Tells nicht eingeschritten sei, obwohl ihm Tell kurz zuvor das Leben gerettet hatte. Hedwig bezweifelt auch, dass der geplante Aufstand ohne die Befreiung Tells eine Chance hat.

Attinghausen beschwört die Einigkeit

Attinghausen fühlt sein Ende nahen und wartet immer noch vergeblich auf die Ankunft seines Neffen Rudenz, dem er sein Erbe übergeben will. Walther Fürst tröstet ihn mit der Mitteilung, dass sich Rudenz mittlerweile offen und heldenhaft den Aufständischen angeschlossen hat. Dem Sterbenden, der Tells Sohn noch segnet, offenbaren sie schließlich ihren Plan, sich vor Jahresende mit einem Schlage gemeinsam zu erheben und alle Burgen gleichzeitig zu Fall zu bringen. Auch die Adligen, die auf dem Rütli nicht anwesend waren, würden sich dem Kampf anschließen. Sterbend zeichnet Attinghausen daraufhin ein visionäres Bild der freien Schweiz und beschwört die Anwesenden mit seinen letzten Worten zur Einigkeit: „Seid einig – einig – einig" (V. 2452).

Der kurz danach eintreffende Rudenz gelobt, sein Erbe im Geiste des Onkels weiterzuführen, bereut offen seine Jugendsünden und bittet die wegen seines plötzlichen Sinneswandels noch skeptischen Anführer um Aufnahme in ihren Bund. Er fordert sie dringend auf, nicht das Christfest abzuwarten, sondern sofort loszuschlagen. Schließlich teilt er ihnen mit, dass er noch eine eigene

Rechnung mit Geßler zu begleichen habe, weil seine Geliebte Bertha heimlich weggebracht wurde. Man einigt sich schließlich darauf, den Aufstand sofort zu beginnen.

Dritte Szene
In der hohlen Gasse bei Küssnacht wartet Tell auf Geßler. Wenn er den Sturm überlebt hat, muss er hier vorbeikommen, um zu der Burg zu gelangen, wo Tell hätte inhaftiert werden sollen. In einem großen Monolog rechtfertigt Tell seinen Entschluss, Geßler zu töten. Als dieser ihn gezwungen hat, auf seinen eigenen Sohn zu schießen, hat er geschworen ihn mit seinem nächsten Schuss zu töten. Er will ihn für seine Unmenschlichkeit und seinen Sadismus mit dem Tode bestrafen und betrachtet dies als seine „heil'ge Schuld" (V. 2590). Als Vogt des Kaisers habe er nicht Recht gesprochen, wie es seine Amtspflicht war, sondern mit mörderischer Lust Greueltaten begangen. Tell fühlt sich deshalb als Werkzeug der göttlichen Gerechtigkeit. Bei dem Gedanken, gleich zu einem Mörder zu werden, fühlt er sich dennoch nicht wohl und erinnert sich wehmütig, wie freudig er sonst von Frau und Kindern empfangen wurde, wenn er von der Jagd heimkam.

Tell rechtfertigt die Ermordung Geßlers

Zunächst kommt eine Hochzeitsgesellschaft durch den Hohlweg. Ihr folgt die Bäuerin Armgart mit ihren Kindern. Dann zeigen sich Geßler und Rudolph der Harras zu Pferd. Während Geßler vor seinem Stallmeister noch einmal das Aufstellen des Hutes rechtfertigt und ankündigt, in Zukunft noch härter gegen jeglichen Widerstand vorzugehen, stellt sich Armgart ihm in den Weg und verlangt die Freilassung ihres seit sechs Monaten ohne Gerichtsverfahren inhaftierten Mannes. Geßler schenkt ihr jedoch kein Gehör und fordert seine Begleiter auf, die Frau aus dem Weg zu räumen. Weil ihre Armut so unerträglich ist und sie buchstäblich nichts mehr zu verlieren hat, wirft sie sich schließlich mit ihren Kindern zu Boden und nimmt dabei in Kauf, von den Pferden Geßlers zu Tode getreten zu werden. Da die Hochzeitsgesellschaft noch den Weg blockiert, muss Geßler stehenbleiben. In dieser Wartepause verkündet er seine letzte Botschaft. Er will den Geist der Freiheit endgültig

Armgart stellt sich Geßler in den Weg

Geßler will seinen Terror noch steigern

brechen und zu noch schärferen Maßnahmen greifen: „Ein allzumilder Herrscher bin ich noch / Gegen dies Volk – die Zungen sind noch frei" (V. 2779 f.).

Tell tötet Geßler

Er kommt nicht mehr dazu, die neuen Gesetze seiner Tyrannei zu beschreiben. Mitten im Satz trifft ihn Tells Pfeil ins Herz. Vergeblich fordert Rudolph der Harras, dem Sterbenden zu helfen. Der Tod Geßlers wird als Befreiung empfunden und ist endgültiger Auslöser des Freiheitskampfes der Eidgenossen.

Fünfter Aufzug

KURZINFO

Bericht über den erfolgreichen Sturz der Tyrannei sowie nochmalige moralische Rechtfertigung der Tötung Geßlers

- Die Burgen der Vögte sind gefallen. Vogt Landenberg wird von Melchthals Vater begnadigt und muss sich außer Landes begeben.
- Bertha von Bruneck wird in letzter Minute aus dem brennenden Schloss Roßberg gerettet.
- Der Geßlerhut gilt zukünftig als Symbol der Freiheit.
- Der König wird von seinem Neffen Herzog Johannes von Schwaben ermordet. Der Mörder wird geächtet.
- Ein Bittschreiben der Königinwitwe, den Flüchtigen auszuliefern, lehnen die Eidgenossen ab.
- Johannes bittet als Mönch Parricida vergeblich um Aufnahme im Hause Tells.
- Tell distanziert sich von dessen Mord, der nur aus Habgier geschah, und schickt ihn nach Rom, um dort die Absolution zu erhalten.

Die Burgen fallen und die Vögte werden vertrieben

Der Hut soll Symbol der Freiheit sein

Erste Szene

Auf dem öffentlichen Platz bei Altdorf sind die verabredeten Feuersignale als Zeichen des begonnenen Aufstandes zu sehen. Nur die Burg Zwing Uri ist noch nicht erstürmt. Walther Fürst verhält sich immer noch zögerlich, aber die Landleute lassen sich nicht mehr von der Erstürmung der Burg zurückhalten. Melchthal berichtet, dass Schloss Sarnen unter Führung von Rudenz zerstört wurde, Schloss Roßberg ist unter gemeinsamer Führung mit Rudenz erobert und angezündet worden. In letzter Minute konnte Bertha von Bruneck, die sich dort versteckt hielt, aus den Flammen gerettet werden. Vogt Landenberg wurde von Melchthal auf der Flucht ergriffen und zu seinem blinden Vater gebracht. Dieser hat ihm gegen das Versprechen, außer Landes zu gehen und nie mehr zurückzukehren, das Leben geschenkt. Nachdem auch die Geßlerburg gefallen ist, bringt Ruodi den Geßlerhut. Auf Anraten Walther Fürsts wird er aber nicht verbrannt, sondern soll als Zeichen der Freiheit aufbewahrt werden.

In die Freude über den errungenen Erfolg platzt die Nachricht von der Ermordung des Königs durch seinen Neffen Johannes, Herzog von Schwaben, der sich um sein Erbe betrogen fühlte und sich nicht mit einem Bischofshut abfinden lassen wollte. Der Mord blieb für ihn aber ohne Gewinn. Johannes und seine Helfer sind für vogelfrei erklärt und befinden sich auf der Flucht. Der Graf von Luxemburg soll zum nächsten König gewählt werden. Ihm wollen die Schweizer die Treue halten und hoffen auf seinen Schutz vor der Rache des Hauses Habsburg. Ein Bittschreiben der Königinwitwe Elsbeth auf Auslieferung der Mörder wird von Stauffacher und Walther Fürst abgelehnt. Stauffacher verweist auf das ihnen widerfahrene Unrecht, das keinen Dank verdiene:

Auslieferung der Königsmörder wird abgelehnt

> „Wer Tränen ärnten will, muss Liebe säen."
> (V. 3082)

Walther Fürst erklärt, dass der Tod des Königs sie von allen Pflichten entbinde. Sie danken dem Himmel für ihre errungene Freiheit.

Zweite Szene

Hedwig erwartet mit ihren Söhnen ihren heimkehrenden Mann, als ein Mönch an ihre Tür klopft und nach Tell fragt. Hedwig schöpft sofort Verdacht, dass der Mann in der Mönchskutte in Wahrheit kein Mönch ist. Kurze Zeit später trifft Tell ein. Er kommt ohne seine Armbrust. Diese hat er an heiliger Stätte verwahrt und will sie nie mehr benutzen. Er stellt den angeblichen Mönch zur Rede. Als dieser sich als Johannes, Herzog von Schwaben, also der Königsmörder, zu erkennen gibt, verweigert Tell ihm das Gastrecht. Johannes, der sich jetzt Parricida (von lat. *parricida* ‚Vater-, Verwandtenmörder') nennt, befindet sich auf der Flucht und hat gehofft, bei dem Mörder Geßlers Verständnis und Hilfe zu finden.

Tell verweigert Parricida Asyl

Er distanziert sich eindeutig von Parricida

Tell bestreitet vehement die Vergleichbarkeit der beiden Morde. Er, Tell, habe sein Teuerstes verteidigt: seine Familie, seine Heimat und die Freiheit, Parricida aber habe aus Habsucht gemordet. Parricida bestätigt, dass Neid sein Tatmotiv gewesen sei. Er erklärt Tell seine ausweglose Situation als Geächteter, der nirgendwo mehr seines Lebens sicher sein könne. Tell rät ihm, nach Rom zu pilgern. Nur der Papst könne ihm Absolution erteilen. Er beschreibt ihm einen sicheren Pilgerweg über die Alpen und versorgt ihn schließlich noch mit Reiseproviant.

Dritte Szene

Die Landleute aus den drei Kantonen besuchen Tell zu Hause und feiern ihn als Retter des Vaterlandes. Bertha von Bruneck bittet um Aufnahme in ihren Bund. Als freie Schweizerin verzichtet sie auf ihren Adelstitel und reicht Rudenz die Hand zum Ehebund. Schließlich erklärt auch Rudenz seine Knechte zu freien Leuten.

❷ Analyse und Interpretation

Der Aufbau des Dramas

Wilhelm Tell folgt mit kleinen Einschränkungen dem Aufbauschema des antiken klassischen Dramas mit den wesentlichen Prinzipien Exposition, Konfliktsteigerung, Höhe- und Wendepunkt, Verzögerung bzw. retardierendes Moment sowie Konfliktlösung:

Klassisches Fünf-Akte-Schema mit Abweichungen von den drei Einheiten

- Der erste Aufzug liefert die sogenannte Exposition. Ort und Zeit der Handlung werden vorgestellt und der Grundkonflikt wird angedeutet, und zwar am Beispiel des Mordes an Landvogt Wolfenschießen, der die Tyrannei exemplarisch verdeutlicht.
- Im zweiten Aufzug wird der Konflikt weiter ausgeführt und gesteigert: Der Widerstandswille wächst und führt zum Rütlischwur.
- Im dritten Aufzug erreicht der Konflikt seinen Höhe- und Wendepunkt: Der erzwungene Apfelschuss und die Verhaftung Tells machen den Aufstand unausweichlich.
- Im vierten Aufzug wird die Handlung hinausgezögert, um durch das sogenannte retardierende Moment die Spannung zu steigern: Tells Gefangenschaft und der Tod Attinghausens verschieben den Beginn des Aufstands. Die Selbstbefreiung Tells und der Mord an Geßler sind aber dann das endgültige Signal zum Volksaufstand.
- Der fünfte Aufzug enthält schließlich die Lösung des Konfliktes, den Sturz der Tyrannei und die Erringung der Freiheit.

Abweichungen vom klassischen Regeldrama
Die üblichen drei Einheiten des Ortes, der Zeit und der Handlung sind in Schillers Drama nicht eingehalten.
- Statt eines einzigen Handlungsorts gibt es einen häufigen Schauplatzwechsel.
- Auch die Beschränkung der Zeit auf einen Tag, wie sie das klassische antike Drama vorschreibt, ist nicht gegeben. Die Handlung erstreckt sich vom 28. Oktober 1306, dem Tag „Simons und Judä", bis zur

Ermordung des Königs Albrecht I. im Mai 1308. Sie wird aber im Drama auf wenige Wochen komprimiert.
- Die größte Abweichung liegt bei der Einheit der Handlung vor. Es gibt mehrere Handlungsstränge.
- Zwei Haupthandlungen verlaufen parallel: der Befreiungskampf der Eidgenossen und darin eingebettet der Konflikt zwischen Geßler und Tell.
- Als Nebenhandlungen können gelten: die Rudenz-Bertha-Handlung und Tells Auseinandersetzung mit dem Königsmörder.

Die Sprache

> **KURZINFO**
>
> **Versdrama der Weimarer Klassik**
> - Das Drama verwendet das klassische Versmaß des reimlosen fünfhebigen Jambus, den sogenannten Blankvers.
> - In einigen Schlüsselpassagen findet sich jedoch auch die gereimte Form.
> - In gehäufter Zahl kommen Sentenzen und sprichwörtliche Redensarten vor.
> - Der Mentalität des einfachen Volkes entsprechen die Volkslieder bzw. liedhaften Einschübe.
> - Vorherrschendes Strukturmerkmal ist der Dialog, auf dem Rütli gesteigert zu einem regelrechten Plädoyer.
> - Der hohe ethische Anspruch zeigt sich mitunter in einer pathetischen Sprechweise.

Das Drama verwendet das bereits aus Shakespeares Dramen bekannte und seit Lessings *Nathan der Weise* klassische Versmaß, den sogenannten Blankvers, einen fünfhebigen reimlosen Jambus, der den bis dahin üblichen Alexandriner verdrängte. Er zeigt trotz seiner fünf Hebungen eine gewisse Modulationsfähigkeit und eignet sich wegen seiner Kürze für die sentenzenartige Sprechweise. Dies gilt in besonderem Maße für *Wilhelm Tell*, wo Sentenzen so gehäuft auftreten, dass sie zu sprichwörtlichen Redensarten geworden sind. Hier einige Beispiele:

Klassischer Blankvers

Sentenzen und sprichwörtliche Redensarten

> „Der brave Mann denkt an sich selbst zuletzt" (V. 139).
> „Früh übt sich, was ein Meister werden will." (V. 1481)
> „Die Axt im Haus erspart den Zimmermann." (V. 1514)
> „Wer gar zu viel bedenkt, wird wenig leisten." (V. 1532)
> „Es kann der Frömmste nicht im Frieden bleiben,
> Wenn es dem bösen Nachbar nicht gefällt." (V. 2683 f.)

In einigen Schlüsselszenen wird der Blankvers auch in gereimter Form verwendet, so z. B. bei der Rütli-Versammlung II,2,1522–1525 sowie bei dem Schwur I,4,785–788.

Der Mentalität und Sprache des einfachen Volkes angemessen finden sich im Drama auch volkstümliche, liedhafte Einschübe, z. B.:
– der sogenannte Kuhreihen, d. h. der abwechselnde Gesang des Fischerknaben, des Hirten und Alpenjägers in der ersten Szene des ersten Aufzugs,
– Walthers Jagdlied in III,1.

Volksliedhafte Einschübe

Analyse und Interpretation

Dialog als zentrales Strukturmerkmal

Zentrales Sprach- und Strukturmerkmal ist natürlich der Dialog, der mit Rede und Gegenrede das Handlungsgeschehen vorantreibt und sprachlich pointiert.
- So führt zum Beispiel der Dialog Rudenz/Bertha (III,2) zum Sinneswandel und Parteiwechsel von Rudenz.
- Als Gegenbeispiel erweist sich der Dialog zwischen Attinghausen und Rudenz. Er verdeutlicht den Generationenkonflikt.

Pathos als Stilmittel

Die Rütli-Versammlung kann als Musterbeispiel einer demokratischen Willensbildung und Entscheidungsfindung gelten. Hier finden sich nicht nur sämtliche Elemente einer fairen Diskussion unter allen Beteiligten, die schließlich eine von allen getragene Entscheidung herbeiführt. Stauffacher als politischer Meinungsführer liefert ein so durchdachtes und sprachlich ausgefeiltes Plädoyer, dass schließlich alle von der Legitimation ihres Handelns zutiefst überzeugt sind. Geschickt appelliert er an das stolze Heimatgefühl und die Freiheitsliebe und scheut sich auch nicht, einen pathetischen Stil zu verwenden, wenn es darum geht, den Aufstand moralisch zu rechtfertigen. Seine Rede endet mit den hehren Worten:

> „Nein, eine Grenze hat Tyrannenmacht,
> Wenn der Gedrückte nirgends Recht kann finden,
> Wenn unerträglich wird die Last – greift er
> Hinauf getrosten Mutes in den Himmel,
> Und holt herunter seine ew'gen Rechte,
> Die droben hangen unveräußerlich
> Und unzerbrechlich wie die Sterne selbst –
> [...]."
>
> (V. 1275 ff.)

In ebenso feierlich-pathetischer und schon fast religiös überhöhter Sprache zeichnet der Freiherr von Attinghausen auf dem Sterbebett das visionäre Bild einer freien Schweiz ohne Standesgrenzen mit den prophetischen Worten:

> „Der Adel steigt von seinen alten Burgen,
> Und schwört den Städten seinen Bürgereid,
> [...]
> Der Landmann stürzt sich mit der nackten Brust,
> Ein freies Opfer, in die Schar der Lanzen,

> Er bricht sie, und des Adels Blüte fällt,
> Es hebt die Freiheit siegend ihre Fahne."
> (V. 2431–2447)

Der sonst so wortkarge und sich häufig in Sentenzen äußernde Tell rechtfertigt in der hohlen Gasse, als er auf Geßler wartet, den unmittelbar bevorstehenden Tyrannenmord in einem großen Monolog, dem einzigen im gesamten Drama. Seine Worte sind von großer Eindringlichkeit, sie belegen seine Gewissensnot in einer schicksalhaften, tragischen Situation, die ihm keine andere Wahl lässt.

Großer Monolog Tells

Im Übrigen finden sich in *Wilhelm Tell* übermäßig viele altertümliche Wörter und Wendungen sowie zahlreiche Belege für einen poetischen Wortgebrauch. Die Anmerkungen in der zitierten Textausgabe bieten dazu die erforderlichen Erklärungen.

Poetische Sprache

Die Personen

Zur Konstellation

Das Verhältnis der Personen ist grundsätzlich geprägt von dem Gegensatz zwischen den Landvögten, den Vertretern des Hauses Habsburg, und dem Schweizer Volk. Die Landvögte, allen voran Herrmann Geßler als Reichsvogt in Schwyz und Uri, sind die tyrannischen Unterdrücker der freien Schweizer Bauern. Beide Personengruppen sind damit Spieler und Gegenspieler im dramatischen Konflikt.

Vögte und Volk als Spieler und Gegenspieler

Hauptvertreter der Eidgenossen und Anführer des Widerstandes sowie Initiatoren der Erneuerung der Schweizer Eidgenossenschaft im Rütlischwur sind die wohlhabenden Bauern Werner Stauffacher, Walther Fürst (Tells Schwiegervater) und Arnold vom Melchthal. Einziger Unterstützer auf Seiten des Adels ist der Landammann (Bezirksvorsteher) Freiherr von Attinghausen. Ulrich von Rudenz, sein Neffe und Erbe, wandelt sich erst nach massiver Kritik seiner Geliebten Bertha von Bruneck von einem Parteigänger Habsburgs zu einem glühenden Freiheitskämpfer, der wesentlich zum Erfolg des Aufstandes beiträgt.

Analyse und Interpretation

Tells Mord an Geßler ist das Signal zum Aufstand

Die Titelfigur Wilhelm Tell distanziert sich zunächst von den Aufstandsplanungen. Er ist auch am Rütlischwur nicht beteiligt. Erst durch den Zwang zum Apfelschuss ändert sich seine Haltung. Sein Mord an Geßler ist aber weniger politisch motiviert. Tells Hauptmotiv ist der Schutz seiner Familie und seiner Heimat. Der Apfelschuss treibt den politischen Konflikt zum Höhepunkt, der Tyrannenmord ist die Initialzündung für den Aufstand. Damit trägt Tell wesentlich zum Erfolg des Freiheitskampfes bei und wird so zum „Nationalhelden".

Die im Drama auftretenden Frauen sind nicht Hauptakteure im dramatischen Geschehen. Zwei greifen aber dennoch im Sinne einer Weichenstellung in die Handlung ein: Bertha von Bruneck und Gertrud Stauffacher.

Bertha und Gertrud sind politisch engagierte Frauen

Bertha von Bruneck ist eine österreichische Adlige, die über Ländereien in der Schweiz verfügt. Sie befürchtet deshalb, ein Opfer der habsburgischen Heiratspolitik zu werden. Rudenz liebt sie; sie macht ihre Liebe zu ihm aber abhängig von seinem Parteiwechsel. Dass ihr dies gelingt, trägt wesentlich zur Steigerung des dramatischen Konfliktes bei.

Gertrud Stauffacher ist eine politische gebildete und engagierte Frau, die ihren anfänglich noch zögerlichen Mann davon überzeugt, dass nicht Geduld und Abwarten, sondern der gemeinsame Aufstand mit kriegerischen Mitteln das Gebot der Stunde ist. Damit ist sie indirekt die Auslöserin des Rütlischwures.

Hedwig ist Gegenfigur zu Gertrud

Hedwig, Tells Gattin, kann als Gegenfigur zu Gertrud gelten. Sie ist die treu sorgende Frau und Mutter, die sich um die große Politik nicht kümmert, aber um ihren Mann ängstigt, weil dieser wegen seiner Spontaneität und übergroßen Hilfsbereitschaft leicht in die sich abzeichnenden Unruhen verwickelt werden kann. Sie vermag ihn aber nicht von dem Gang nach Altdorf abzuhalten. Der daraus folgende Apfelschuss und der Mord an Geßler bleiben für sie unbegreifliche Taten, die sie weder nachvollziehen noch verhindern kann.

Eine Gegenfigur zu Wilhelm Tell ist Johannes Parricida. Er ist die einzige historisch gesicherte Person im Drama. Es handelt sich um Herzog Johann von Schwaben, ein Enkel Rudolfs von Habsburg und Neffe König Albrechts I., der seinen Onkel am 1. Mai 1308 ermordete, weil er sich um sein Erbe betrogen fühlte. Im fünften Aufzug begegnet er als Flüchtling dem gerade von seiner Mordtat zurückkehrenden Tell, bei dem er Verständnis und Schutz sucht. Es kommt zu einer Grundsatzdebatte zwischen beiden Mordtaten, bei der Tell die Unvergleichbarkeit der Taten herausstellt. Parricida ist für ihn ein Königsmörder, der aus unlauteren Motiven gehandelt hat. Er fordert ihn zu einer Pilgerreise nach Rom auf, weil nur der Papst ihm für seine Schuld Absolution erteilen könne. Die von vielen Kritikern als überflüssige Ergänzung angesehene Parricida-Szene dient der zusätzlichen sittlich-moralischen Rechtfertigung des Mordes an dem Tyrannen Geßler.

Wilhelm Tell

KURZINFO

Wagemutiger und hilfsbereiter Tatmensch
- Tell rettet Baumgarten vor seinen Verfolgern.
- An den Aufstandsvorbereitungen und am Rütlischwur nimmt er nicht teil.
- Er unterschätzt Geßlers abgrundtiefe Bösartigkeit.
- Der Apfelschuss führt zur entscheidenden Wende in seinem Denken und Handeln.
- Den Mord an Geßler betrachtet er als sittlich-moralische Pflicht.

Wilhelm Tell lebt als freier Alpenjäger in Bürglen am Vierwaldstätter See. Er ist verheiratet mit Hedwig, der Tochter des freien Bauern Walther Fürst. Mit ihr hat er zwei Söhne, Walther und Wilhelm. Den Lebensunterhalt der Familie bestreitet er mit der Jagd. Ansonsten lebt er ziemlich zurückgezogen, zeigt sich wenig in der Öffentlichkeit, ist aber dennoch hoch angesehen. Es geht ihm der Ruf eines geschickten Jägers und meisterlichen Schützen voraus, ebenso gilt er als überaus mutig, tatkräftig und hilfsbereit. Der Fischer Ruodi bestätigt dies voller Anerkennung: „Es giebt nicht zwei, wie der ist, im Gebirge." (V. 164)

Analyse und Interpretation

Tell rettet Baumgarten

Diesen Mut und sein Engagement für Menschen in Not beweist Tell bereits in der Eingangsszene, als er ohne zu zögern trotz eines heraufziehenden Gewitters Baumgarten vor dessen Verfolgern rettet. Er handelt selbstlos und spontan, setzt dabei sogar das eigene Leben aufs Spiel, indem er an Stelle des skrupelhaften Fischers das Ruder des Bootes übernimmt. Während dieser auch aus Verantwortung gegenüber seiner Familie die Überfahrt verweigert, lässt Tell solche Bedenken nicht aufkommen und folgt im Vertrauen auf Gottes Hilfe nur seinem Gewissen. Wenn ihm etwas zustoße, solle Ruodi seiner Frau ausrichten, dass er nicht anders habe handeln können: „Ich hab getan, was ich nicht lassen konnte." (V. 160)

Er verweigert die Mitwirkung an den Vorbereitungen zum Aufstand

Als Tatmensch taugt Tell nicht zum Politiker. Darüber ist er sich auch bewusst. Langes Prüfen und Abwägen vor einer Entscheidung ist seine Sache nicht. Die Aufforderung Stauffachers, sich an den Beratungen zur Vorbereitung eines Aufstandes zu beteiligen, lehnt er deshalb rundweg ab, erklärt sich aber bereit zu helfen, wenn er gerufen werde:

> „Doch w a s ihr tut, lasst mich aus eurem R a t,
> Ich kann nicht lange prüfen oder wählen,
> Bedürft ihr meiner zur bestimmten T a t,
> Dann ruft den Tell, es soll an mir nicht fehlen."
> (V. 442–445)

Aus diesem Grund fehlt er auch beim Rütlischwur, wie er seiner Frau beteuert, weil diese befürchtet, dass man ihn wegen seines Mutes an die vorderste Front stelle:

> „Ich war nicht mit dabei – doch werd ich mich
> Dem Lande nicht entziehen, wenn es ruft."
> (V. 1520 f.)

Er rät zur Geduld

Tell ist kein politisch denkender Mensch. Blauäugig vertraut er darauf, dass sich die Tyrannenherrschaft von selbst erledige und rät zu Geduld und Abwarten:

> „Die schnellen Herrscher sind's, die kurz regieren.
> […]
> Die Schlange sticht nicht ungereizt.
> Sie werden endlich doch von selbst ermüden,
> Wenn sie die Lande ruhig bleiben sehn."
> (V. 422–430)

Im Unterschied zu seiner Frau schätzt er auch die politisch-gesellschaftliche Lage in Uri völlig falsch ein. Ihren Warnungen, sich an diesem Tag nicht zu ihrem Vater zu begeben, weil auch Geßler sich in Altdorf aufhält und die Lage explosiv ist, lässt er nicht gelten. Tell vertraut blind auf seine Rechtschaffenheit, die ihn schütze. Ebenso schätzt er auch die Folgen seiner früheren Begegnung mit Geßler an einer einsamen Stelle im Gebirge falsch ein. Er glaubt, Geßler gehe ihm aus dem Weg, weil er ihn trotz guter Gelegenheit nicht erschossen hat. Die Bedenken seiner Frau, dass er dessen Rache genau deshalb fürchten müsse, weil er vor ihm gezittert habe, kann er nicht nachvollziehen. Dies zeugt von einer politischen Naivität, ist aber auch ein Beweis fehlender Menschenkenntnis. Er kann sich einfach nicht vorstellen, dass Menschen amoralisch, skrupellos und brutal sein können. Dies allerdings muss er beim Apfelschuss leidvoll erfahren. Erst die teuflische Brutalität Geßlers führt bei ihm zu einem Umdenken und somit zu dem Entschluss, den Vogt zu ermorden. Aber auch jetzt ist seine Haltung nicht politisch motiviert. Es geht ihm vor allem um den Schutz seiner Familie.

Er unterschätzt Geßler

Die extreme psychische Belastung durch den sadistischen Befehl, auf das eigene Kind zu schießen, trifft Tell moralisch ins Mark und lässt seine Hand zunächst zittern. Erst sein Entschluss, mit dem zweiten Pfeil Geßler zu töten, wenn er sein Kind trifft, macht ihn fähig, mit ruhiger Hand zu schießen und den Apfel zu treffen. Der Wortbruch Geßlers und Tells Verhaftung führen nur zu einem Aufschub der Mordtat. Die Gelegenheit dazu ergibt sich dann nach dem geglückten Sprung auf die Felsplatte. Während er in der hohlen Gasse auf sein Opfer wartet, rechtfertigt der sonst so wortkarge, sich vorrangig in Sentenzen äußernde Tell in einem großen Monolog.

Er entschließt sich zum Mord an Geßler

Er versucht vor sich selbst zu erklären, wie er, der still und friedlich dahinlebende Wildjäger, sich zu einem Mörder wandeln konnte. Er findet die Erklärung in der teuflischen Bösartigkeit Geßlers und fühlt sich deshalb als Vollstrecker einer strafenden göttlichen Gerechtigkeit zur Wiederherstellung einer sittlichen Weltord-

Analyse und Interpretation

Tells Rechtfertigung des Tyrannenmordes

nung. Seine Tat betrachtet er als seine „heil'ge Schuld" (V. 2590). Die göttliche und mit ihr auch die kaiserliche Rechtsordnung sei durch die Tyrannei des Reichsvogts gebrochen worden. Um das Böse aus der Welt zu schaffen, bleibe nur der Mord. In diesem Sinne hält er geradezu ein Plädoyer zur Rechtfertigung, gerichtet an sich selbst, an Geßler und an Gott:

> „Du bist mein Herr und meines Kaisers Vogt,
> Doch nicht der Kaiser hätte sich erlaubt
> Was d u – Er sandte dich in diese Lande,
> Um Recht zu sprechen – strenges, denn er zürnet –
> Doch nicht, um mit der mörderischen Lust
> Dich jedes Greuels straflos zu erfrechen,
> Es lebt ein Gott zu strafen und zu rächen."
> (V. 2591–2597)

Er personifiziert sogar Bogensehne und Pfeil und beschwört beide, ihren Dienst in diesem entscheidenden Augenblick nicht zu versagen, denn der bevorstehende Schuss soll sein letzter sein: „Entränn er jetzo kraftlos meinen Händen, / Ich habe keinen zweiten zu versenden." (V. 2608 f.)

Auch in dieser Schicksalsstunde kreisen Tells Gedanken ausschließlich um seine Familie. Er fühlt sich nicht als Aufrührer und Revolutionär, sondern als Verteidiger von Frau und Kindern:

> „Und doch an e u c h nur denkt er, lieben Kinder,
> Auch jetzt – Euch zu verteid'gen, eure holde Unschuld
> Zu schützen vor der Rache des Tyrannen
> Will er zum Morde jetzt den Bogen spannen."
> (V. 2632–2635)

Tell legt seine Waffe für immer nieder

Den letzten Schuss bezeichnet er als seinen „Meisterschuss". Tatsächlich kommt Tell nach der Tat ohne seine Armbrust heim. Auf die Nachfrage seines Sohnes Wilhelm antwortet er, dass sie an heiliger Stätte aufbewahrt sei und er sie nie mehr zur Jagd benutze.

Werner Stauffacher

KURZINFO

Hauptinitiator und Organisator des Rütlischwures
- Stauffacher hat sich den Hass und die Feindschaft Geßlers zugezogen.
- Er handelt stets wohlüberlegt und rät anfänglich zu Geduld und Abwarten.
- Seine Frau überzeugt ihn, dass die Tyrannenherrschaft nur durch einen gemeinsamen Aufstand der drei Kantone beseitigt werden kann.
- Er legitimiert den gewaltsamen Widerstand mit dem Naturrecht.

Stauffacher ist ein wohlhabender freier Bauer aus dem Kanton Schwyz. Er tritt erstmals im Gespräch mit Pfeiffer von Luzern auf, der ihm bei einem Besuch dringend rät, sich nicht dem Hause Habsburg zu unterwerfen, sondern sich in Geduld zu üben und an der Treue zum Kaiser festzuhalten. Ein neuer Kaiser werde die alten Freiheitsrechte der Schweizer wieder garantieren. Bei einer Begegnung mit Geßler vor seinem prächtigen Haus hat er sich dessen Feindschaft zugezogen, als er dieses Haus als freies kaiserliches Lehen auswies, woraufhin Geßler unmissverständlich ankündigte, den freien Bauernstand unter seiner Regentschaft zu beseitigen (vgl. V. 230).

Stauffacher gerät mit Geßler in Konflikt

Stauffacher ist ein Mann, der nicht impulsiv und spontan handelt, sondern bei seinen Entscheidungen stets Chancen und Risiken wohlüberlegt abwägt. Nach Geßlers Drohung zeigt er sich zwar bedrückt, doch seine Frau Gertrud überzeugt ihn davon, zusammen mit den Kantonen Uri und Unterwalden gegen die tyrannische Herrschaft der Vögte Widerstand zu leisten. Stauffacher schreckt im Grunde vor Gewalt zurück. Er hält die Schweizer für zu schwach, um militärisch erfolgreich zu sein, und verweist auf die unschuldigen Opfer und die Zerstörungen, die ein Krieg immer mit sich bringt.

Erst als Gertrud ihm versichert, im Falle einer Niederlage auch das eigene Leben nicht zu schonen und sie sogar zu einem Freitod bereit sei, macht er sich auf den Weg zu seinem Freund Walther Fürst, wo er auch den Freiherrn von Attinghausen treffen will, um einen gemeinsamen Widerstand zu organisieren. Zuvor gewährt er noch dem flüchtigen Baumgarten, den Tell vorbeibringt, in seinem Hause Unterschlupf. Klug und rhetorisch sehr

Analyse und Interpretation

versiert weiß Stauffacher in der Regel Menschen zu überzeugen. Nur bei Tell erhält er eine Absage, als er ihn zur Teilnahme am gemeinsamen Widerstand bewegen will („Der Starke ist am mächtigsten a l l e i n ", V. 437).

Stauffacher entwirft den Aufstandsplan

Seiner Überzeugungskraft gelingt es aber, Walther Fürst zum Widerstand zu bewegen. Geschickt verweist er auf den Bau der Burg Zwing Uri, schildert die Umstände der Ermordung Wolfenschießens und die brutale Blendung des alten Melchthal. Der junge Melchthal, den Walther Fürst bei sich versteckt hat, erfährt so das Schicksal seines Vaters und ist zum Äußersten bereit. Daher gelingt es Stauffacher, schon bei diesem ersten Zusammentreffen den Widerstandsplan zu konkretisieren. Man legt die weitere Vorgehensweise in den drei Kantonen fest: Jeder soll 10 „vertraute Männer" aussuchen und sie zum vereinbarten geheimen Treffpunkt auf dem Rütli mitbringen. Am Ende reichen sich, wieder auf Initiative Stauffachers, die drei Männer ihre rechte Hand und nehmen so den Rütlischwur schon vorweg.

> „[…]. Jetzt reicht mir Eure biedre Rechte
> Reicht Ihr die Eure her, und so wie wir
> D r e i M ä n n e r jetzo, unter uns, die Hände
> Zusammen flechten, redlich, ohne Falsch,
> So wollen wir D r e i L ä n d e r auch, zu Schutz
> Und Trutz zusammen stehn auf Tod und Leben."
> (V. 738–743)

Er liefert auf dem Rütli die moralische Begründung des Aufstandes

Auf dem Rütli beweist Stauffacher, dass er der Kopf des Widerstandes ist. Hier ist er der eindeutige Wortführer. Er beruft sich auf die schweizerische Tradition – schon formal durch die Bildung eines Ringes nach alter Väter Sitte –, vor allem aber liefert er in perfekter Rhetorik die ideologische Rechtfertigung des Aufstandes. Er betont, dass sie nur das alte Bündnis der Väter erneuern, er erinnert an die gemeinsame Heimat trotz gewisser Eigenständigkeit in den Kantonen. Ausführlich und geradezu beschwörend beschreibt er die Reichsunmittelbarkeit und Eigenständigkeit der freien Schweizer Bauern, die nur dem Kaiser unterstehen und verpflichtet sind.

> „Nicht unter Fürsten bogen wir das Knie,
> Freiwillig wählten wir den Schirm der Kaiser."
> (V. 1212 f.)

Stauffacher verweist auf ihre verbrieften Rechte, auf ihre stets treue militärische Hilfe, wenn der Kaiser sie durch den Heerbann (ausschließlich dem König oder Kaiser zustehende staatliche Gewalt, ein Heer einzuberufen) einforderte. Er vergisst auch nicht, ausführlich daran zu erinnern, dass sie dem Kaiser mit Recht einmal den Gehorsam verweigert haben, als dieser gegen einen trickreichen Versuch der Besitzerweiterung des Klosters Einsiedeln nicht eingeschritten ist. Er ruft die Landnahme in Erinnerung, also die beschwerliche Urbarmachung und Besiedlung der unwirtlichen Bergwelt und betont, dass ein „tausendjähriger Besitz" auch eine Rechtsgrundlage darstellt.

Abschließend liefert er die schlagkräftigste und höchstmögliche Legitimation für das Recht auf Widerstand. Er beruft sich auf das unveräußerliche und ewig gültige Naturrecht:

> *Der Widerstand ist durch das Naturrecht legitimiert*

> „Nein, eine Grenze hat Tyrannenmacht,
>   Wenn der Gedrückte nirgends Recht kann finden,
>   Wenn unerträglich wird die Last – greift er
>   Hinauf getrosten Mutes in den Himmel,
>   Und holt herunter seine ew'gen Rechte,
>   die droben hangen unveräuserlich
>   Und unzerbrechlich wie die Sterne selbst –
>   […]
>   Zum letzten Mittel, wenn kein andres mehr
>   Verfangen will, ist ihm das Schwert gegeben –
>   Der Güter höchstes dürfen wir verteid'gen
>   Gegen Gewalt […]."
>   (V. 1275 ff.)

Damit ist die Grundlage gelegt für den Rütlischwur, mit dem die Zusammenkunft auf dem Rütli endet.

Walther Fürst

> **KURZINFO**
>
> **Mitinitiator des eidgenössischen Bundes**
> - Walther Fürst nimmt den flüchtigen jungen Melchthal bei sich auf.
> - Er schlägt das Rütli als geheimen Versammlungsplatz vor.
> - Er rät zur Mäßigung in der Anwendung von Gewalt und hofft auf ein Einlenken der Vögte.
> - Nach Tells Verhaftung befürwortet auch er die Gewalt als Mittel zur Beseitigung der Tyrannei.
> - Nach dem erfolgreichen Aufstand rät er wiederum zur Mäßigung.
> - Er verhindert die Verbrennung des Geßlerhutes und will ihn als zukünftiges Freiheitssymbol verstanden wissen.
> - Er lehnt die Auslieferung der flüchtigen Königsmörder als ungerechtfertigte Forderung ab.

Walther Fürst aus Altdorf im Kanton Uri ist Tells Schwiegervater und genießt als älterer freier Bauer hohes Ansehen. Als einer der drei Initiatoren des Volksaufstandes erkennt er die Zeichen der Zeit deutlich und leidet sehr unter der herrschenden Tyrannei der Vögte. Er schätzt die Stimmung im Volk richtig ein, begibt sich auch selbst in Gefahr, als er den flüchtenden jungen Melchthal bei sich aufnimmt. Im Unterschied zu diesem, der sofort losschlagen will, als er das brutale Schicksal seines Vaters erfährt, rät Walther Fürst zur momentanen Zurückhaltung und Mäßigung. Seinem Alter entsprechend möchte er keine übereilten Schritte tun und auch die Adligen in den Aufstand einbinden. Als jedoch Stauffacher ihm erklärt, dass von diesen keine Hilfe zu erwarten sei, weil sie nicht in demselben Maße wie die Landbevölkerung unter der Unterdrückung zu leiden haben, ist er sofort bereit, die nötigen vorbereitenden Schritte zu einem Aufstand einzuleiten, rät aber dringend zu Vorsicht und absoluter Geheimhaltung.

Fürst rät zu Vorsicht und Mäßigung

Fürst ist es, der das Rütli als nächtlichen Versammlungsplatz vorschlägt, er überträgt dort auch dem Altlandammann Reding den Vorsitz. Mehrfach warnt er die Vertreter der drei Kantone auch beim Rütlischwur zur Zurückhaltung beim Einsatz von Waffengewalt. Er möchte Blutvergießen möglichst vermeiden, Rachegelüste gezähmt sehen und hofft auf einen friedlichen Ausgleich und die kaiserliche Unterstützung, wenn die

Er will Gewalt möglichst vermeiden

Vögte verjagt sind und danach keine weitere Gewalt mehr angewendet wird.

> „Was sein muss, das geschehe, doch nicht drüber.
> Die Vögte wollen wir mit ihren Knechten
> Verjagen und die festen Schlösser brechen,
> Doch wenn es sein mag, ohne Blut. Es sehe
> Der Kaiser, dass wir notgedrungen nur
> Der Ehrfurcht fromme Pflichten abgeworfen.
> Und sieht er uns in unsern Schranken bleiben,
> Vielleicht besiegt er staatsklug seinen Zorn,
> Denn bill'ge Furcht erwecket sich ein Volk,
> Das mit dem Schwerte in der Hand sich m ä ß i g t."
> (V.1366–1375)

Nach einem kleinen Diskurs über den Zeitpunkt des Aufstandes und nachdem die Strategie, die zum Fall der Burgen führen soll, geklärt ist, will Walther Fürst immer noch nicht sofort mit dem allgemeinen Aufstand beginnen, sondern vertraut auf das Einlenken der Vögte. Sie würden auf Gegengewalt verzichten und das Land verlassen:

Er hofft auf ein Einlenken wder Vögte

> „Wenn dann am bestimmten Tag die Burgen fallen,
> […]
> Wenn dann die Vögte sehn der Waffen Ernst,
> Glaubt mir, sie werden sich des Streits begeben,
> Und gern ergreifen friedliches Geleit,
> Aus unsern Landesmarken zu entweichen."
> (V.1420–1427)

Sein Glaube an eine unblutige Lösung wird aber auf eine harte Probe gestellt. Als er die Gefangennahme Tells durch Frießhardt als Zeuge erlebt, bietet er vergeblich seine Bürgschaft an. Dennoch mahnt er zum Verzicht auf jegliche Provokation, indem er z.B. Melchthal, der heißblütig und spontan helfend eingreifen will, zurückhält.

Nach Tells Verhaftung akzeptiert auch Fürst das Mittel der Gewalt

Als Fürst sich unmittelbar vor dem angeordneten Apfelschuss vor Geßler zu Boden wirft, um Gnade fleht und ihm die Hälfte seines Vermögens anbietet, muss er erleben, dass die Vögte wohl vor keinem Mittel zurückschrecken werden, um ihre Macht zu erhalten. Aber erst als Geßler trotz des erfolgreichen Apfelschusses sein Wort bricht und Tell ins Gefängnis führen lässt sowie alle An-

Analyse und Interpretation

wesenden zu Aufrührern erklärt, wird ihm bewusst, dass er mit seinem gesamten Haus extrem gefährdet ist und eine friedliche Konfliktlösung unerreichbar bleibt.

Er lehnt die Auslieferung der Königsmörder ab

Nach der erfolgreichen Vertreibung der Vögte sorgt Walther Fürst dafür, dass der Geßlerhut nicht verbrannt, sondern als Zeichen der Freiheit aufgestellt wird. Auch im Sieg bleibt er der Besonnene. Als nach der Ermordung des Königs die Witwe um Auslieferung der flüchtigen Mörder bittet, lehnt er dies mit der Begründung ab, dass man sich nicht zum Werkzeug der Rache machen lasse und der Tod des Königs die Eidgenossen von allen Pflichten entbindet, warnt aber gleichzeitig davor, der Schadenfreude zu viel Raum zu geben und sich dem Siegesrausch hinzugeben:

„Wir wollen nicht frohlocken seines Falls,
Nicht des empfangnen Bösen j e t z t gedenken,
Fern sei's von uns! Doch, dass wir r ä c h e n sollten
Des Königs Tod, der nie uns Gute tat,
Und die verfolgen, die uns nie betrübten,
Das ziemt uns nicht und will uns nicht gebühren.
Die Liebe will ein freies Opfer sein,
Der Tod entbindet von erzwungenen Pflichten,
– Ihm haben wir nichts weiter zu entrichten."
(V. 3069–3077)

Arnold vom Melchthal

KURZINFO

Aus Unterwalden stammender Eidgenosse und Rächer seines Vaters

- Der Verhaftung durch Vogt Landenberg kann Melchthal entkommen und findet Aufnahme bei Walther Fürst.
- An seiner Stelle lässt Landenberg den Vater verhaften und auf beiden Augen blenden.
- Deshalb will Melchthal sich an dem Landvogt rächen und drängt zu einem schnellen gemeinsamen Aufstand der drei Kantone.
- Von Stauffacher und Walther Fürst lässt er sich zu einem wohl durchdachten Vorgehen umstimmen.
- In geheimer Mission wirbt er in Unterwalden für den Aufstand.
- Beim Aufstand kämpft er in der vordersten Reihe: Unter seiner Führung wird Schloss Sarnen niedergebrannt. Zusammen mit Rudenz rettet er Bertha aus der brennenden Burg Roßberg.
- Auf Wunsch seines Vaters tötet er Vogt Landsberg nicht, sondern weist ihn nur aus dem Land.

Arnold vom Melchthal ist der Sohn des angesehenen Bauern Heinrich von der Halden. Er ist der jüngste der drei Eidgenossen und stammt aus Unterwalden. Seiner Jugend entsprechend reagiert er in der Regel leidenschaftlich und ungestüm. Deshalb hat er oft kleinere Vergehen verübt, die er selbst später als Jugendsünden bezeichnet. In die Dramenhandlung tritt er ein, nachdem er einem Knecht des Vogts Landenberg einen Finger gebrochen hat, als dieser ihm einen Ochsen ausspannen wollte und ihn mit den Worten provozierte, der Bauer solle sich selbst vor den Pflug spannen.

Melchthal verletzt einen Knecht des Vogtes Landenberg

Er selbst konnte nach der Tat fliehen und findet Aufnahme im Hause Walther Fürsts, aber an seiner Stelle wird sein Vater verhaftet. Als er aus einem Nebenzimmer das Gespräch Stauffachers mit dessen Freund Fürst mithört und so erfährt, dass sein Vater gefoltert, grausam geblendet wurde und jetzt als blinder Bettler durchs Land wandert, will er, koste es auch sein Leben, Landenberg ermorden. Er plant, ein Mordkommando aus zwanzig jungen Männern zusammenzustellen und in der vordersten Linie des Aufstandes zu kämpfen. Alle, die sich nicht anschließen, erklärt er zu Feiglingen.

Er flüchtet zu Walther Fürst

Walther Fürst und Stauffacher können den Heißsporn nur mit Mühe beruhigen. Seine Entschlusskraft lässt den Plan eine Bundes zwischen den drei Kantonen heranreifen, der zunächst mit dem Schutz- und Trutzversprechen der drei Eidgenossen besiegelt wird. Nachdem Melchthal seinen blinden Vater gesehen und Rache geschworen hat, unternimmt er eine Erkundungstour durch Unterwalden, um die Stimmung im Land in Erfahrung zu bringen. Er stößt auf einen hohen Grad an Unterdrückung, eine große Aufstandsbereitschaft und entschlossenen Widerstandswillen, als er die geheimen Aufstandspläne verbreitet.

> „– Die harten Hände reichten sie mir dar,
> Von den Wänden langten sie die rost'gen Schwerter,
> Und aus den Augen blitzte freudiges
> Gefühl des Muts, als ich die Namen nannte,
> Die im Gebirg dem Landmann heilig sind,
> Den Eurigen und Walther Fürsts – Was Euch
> Recht würde dünken, schwuren sie zu tun,

Er treibt den Aufstand voran

> Euch schwuren sie bis in den Tod zu folgen."
> (V. 1023–1030)

Arnold vom Melchthal scheut vor keinem Risiko zurück, um die Tyrannei der Vögte zu beseitigen. In die Burg Sarnen hat er sich sogar in Pilgertracht eingeschlichen, um die Räumlichkeiten auszuspionieren, sich selbst aber Mäßigung verordnet und den Vogt nicht auf der Stelle erschlagen. Er bemüht sich auch die Basis des Aufstandes zu verbreitern: Zum Rütli bringt er außer Meier von Sarnen und Struth von Winkelried unfreie Klosterleute mit, die von den Eidgenossen ohne zu zögern in den Bund aufgenommen werden.

Dem unermüdlichen Engagement und der spontanen Tatkraft Melchthals ist es also zu verdanken, dass der Widerstand wächst und damit ein Erfolg wahrscheinlicher wird. Im Verlauf der Handlung hat er gelernt, seine Impulsivität zu zügeln, und erweist sich als ein verlässlicher Kooperationspartner. Beim Sturm auf die Burgen steht er in vorderster Front. Unter seiner Führung wird Schloss Sarnen niedergebrannt, zusammen mit Rudenz erobert er auch Schloss Roßberg und rettet Bertha in letzter Minute aus dem Feuer. Den flüchtenden Vogt Landenberg hat er gefangen genommen und vor seinen Vater gebracht. Dieser hat ihn gegen das Versprechen, außer Landes zu gehen und nie mehr zurückzukehren, begnadigt.

Unter Melchthals Führung werden die Burgen erobert

Stolz und selbstbewusst begründet er wie Walther Fürst die Ablehnung der Bitte der Königinwitwe, die flüchtigen Mörder König Albrechts auszuliefern:

> „Und weint die Königin in ihrer Kammer,
> Und klagt ihr wilder Schmerz den Himmel an,
> So seht ihr hier ein angstbefreites Volk
> Zu eben diesem Himmel dankend flehen –
> Wer Tränen ärnten will, muss Liebe säen."
> (V. 3078–3082)

Melchthal durchlebt in Schillers Drama einen Reifeprozess. Der jugendlich-draufgängerische Kämpfer ist dem vernünftigen Rat der Alten gefolgt, hat seinen privaten Rachedurst gezügelt und sich so zu einem verlässlichen Partner und Bewahrer der traditionellen Freiheit entwickelt.

Ulrich von Rudenz

KURZINFO

Wandel vom Gefolgsmann des Hauses Habsburg zum Vorkämpfer der Schweizer Freiheit

- Der Neffe und designierte Erbe des Freiherrn von Attinghausen hat zunächst mit den traditionellen Werten der Schweiz gebrochen.
- Er will auf der Seite Österreichs einen gesellschaftlichen Aufstieg erreichen.
- Durch seine Liebe zu der Österreicherin Bertha von Bruneck fühlt er sich zusätzlich gebunden.
- Sein Onkel versucht vergeblich, ihn zur Umkehr zu bewegen.
- Bertha öffnet ihm die Augen, indem sie ihn als Landesverräter und Fürstenknecht abstempelt, dem sie ihre Liebe nicht schenken könne.
- Sie klärt ihn über die wahren Ziele des Hauses Habsburg auf, deren Opfer auch sie selbst sei.
- Daraufhin wandelt sich Rudenz von einem ehrgeizigen Träumer zu einem engagierten Vorkämpfer der Schweizer Unabhängigkeit.

Ulrich von Rudenz ist der Neffe des Freiherrn von Attinghausen und damit der Vertreter des jungen Landadels. Der Onkel hat ihn als seinen Erben eingesetzt und erwartet, dass er das Erbe in seinem Geist weiterführt. Der junge Rudenz rebelliert jedoch zunächst gegen die politische und geistige Tradition, in der sein Onkel lebt. Als dieser seinen Tod nahen sieht, bestellt er seinen Neffen zu sich, der sich gerade zu Vogt Geßler auf den Weg macht. Frei heraus erklärt Rudenz seinem Onkel in einem langen und intensiv geführten Gespräch, dass er sich in seinem Haus nur als „Fremdling" fühle (vgl. V. 775 f.). Er hat mit der schweizerischen Tradition gebrochen und sich auf die Seite der neuen Herrscher aus dem Hause Habsburg gestellt. Er setzt auf die Macht der neuen Herren und sieht sich damit in guter Gesellschaft, denn auch die Lande rings umher hätten dies getan. Dem Onkel und mit ihm dem gesamten Schweizer Landadel macht er den Vorwurf, an der Treue zum „Kaiser" nur festzuhalten, „um k e i n e n Herrn zu haben" (V. 807).

Rudenz stellt sich auf die Seite der Habsburger

Auf der Seite Österreichs sieht er seine Chance zum gesellschaftlichen Aufstieg. Landammann und Bannerherr zu sein und nur über Hirten und Knechte zu regieren genügt ihm nicht. Er möchte nicht weiter als „Bauernadel" verspottet werden, sondern Ruhm und Ehre erwerben, nicht nur „K u h r e i h n und Herdeglocken" lauschen (vgl. V. 837).

Der Onkel kann ihn nicht zur Umkehr bewegen

Vergebens mahnt ihn der Onkel, sich nicht zum „Fürstenknecht" zu erniedrigen (vgl. V. 854–857), vergebens fleht er ihn an, seine Güter, die er von Gott empfangen habe, nicht freiwillig der Hand Österreichs zu unterstellen. Rudenz sieht jedoch keine Alternative zu seinem Seitenwechsel, weil König und Reich zu schwach seien, um ausreichend Schutz gewähren zu können. Auch der häufige Wechsel des Königtums zu verschiedenen Herrscherhäusern biete keine Gewähr für Sicherheit und Kontinuität. Er zeigt sich keinem Gegenargument des Onkels zugänglich. Selbst dessen beschwörende Bitte, das Vaterland nicht zu verraten, kann ihn nicht zur Umkehr bewegen: „Ans Vaterland, ans teure, schließ dich an" (V. 922).

Am Ende des Gesprächs bekennt Rudenz schließlich, dass er Bertha von Bruneck liebt und sich auch deshalb an Habsburg gebunden fühlt. Die Warnung des Onkels, dass Bertha nur als Lockvogel missbraucht werde, schlägt er in den Wind:

Seine Liebe zu Bertha hat ihn blind gemacht

> „Dich anzulocken, zeigt man dir die Braut,
> Doch deiner Unschuld ist sie nicht beschieden."
> (V. 940 f.)

Seine Liebe zu Bertha hat ihn blind gemacht, er erliegt dem Reiz von Ruhm und Reichtum und möchte sich durch entsprechende „Heldentaten" seiner Angebeteten würdig erweisen.

Bertha öffnet ihm die Augen

Bertha selbst ist es, die ihm die Augen öffnet, als er ihr in einem langen Gespräch während einer Jagd seine Liebe gesteht. Zu seiner Überraschung muss er erkennen, dass er seine Lage und die politische Haltung seiner Geliebten völlig falsch eingeschätzt hat. Statt einer Parteigängerin Habsburgs findet er in ihr eine glühende Verehrerin der Schweizer Freiheit. Sie stempelt ihn zu einem Landesverräter, dem sie ihre Hand nicht reichen könne, eher werde sie den Unterdrücker Geßler selbst heiraten:

> „Eher wollt' ich meine Hand
> Dem Geßler selbst, dem Unterdrücker schenken,
> Als dem Naturvergessnen Sohn der Schweiz,
> Der sich zum Werkzeug machen kann!"
> (V. 1609–1612)

Sie klärt ihn über die wahren Ziele der Habsburger auf, die auf Machterweiterung durch Tyrannei setzten, und bestätigt auch den Verdacht des Onkels, dass sie nur als Lockvogel im Spiel der habsburgischen Hausmachtsicherung benutzt werde.

> "Hofft nicht durch Östreichs Gunst mich zu erringen,
> Nach meinem Erbe strecken sie die Hand.
> Das will man mit dem großen Erb vereinen."
> (V. 1662–1664)

Gleichzeitig erklärt sie ihm, dass nur seine Liebe sie vor diesem Schicksal bewahren könne:

> „Dort wo die Falschheit und die Ränke wohnen,
> Hin an den Kaiserhof will man mich ziehn,
> Dort harren mein verhasster Ehe Ketten,
> Die Liebe nur – die Eure kann mich retten!"
> (V. 1669–1672)

Daraufhin erwacht Rudenz wie aus einem bösen Traum und findet zu seinen Wurzeln und damit zu sich selbst zurück. Ab jetzt will er entschlossen und kompromisslos für seine Liebe kämpfen, und dieses Versprechen löst er auch ein. Er kommt zwar zu spät, um seinem Onkel noch vor dessen Tod seinen Sinneswandel mitzuteilen, aber er schwört am Totenbett, dass er das Erbe der Vorstellung des Onkels entsprechend weiterführen werde.

Rudenz wechselt die Seite

Stauffacher, Walther Fürst und Melchthal schenken ihm daraufhin wieder ihr Vertrauen und weihen ihn in die Aufstandspläne ein. Inzwischen ist seine geliebte Bertha an einen geheimen Ort gebracht worden. Dies ist für ihn eine zusätzliche Motivation, sich in die vorderste Linie der Aufständischen einzureihen. Seinem Wagemut und seiner Risikobereitschaft ist die schnelle Eroberung des Sarner Schlosses zu verdanken, und gemeinsam mit Melchthal rettet er Bertha aus den Flammen des niederbrennenden Schlosses Roßberg.

Er erobert die Burgen Sarnen und Roßberg und rettet Bertha

Analyse und Interpretation

Am Ende empfängt Rudenz seinen verdienten Lohn. Bertha von Bruneck verzichtet auf ihre Adelsprivilegien und schenkt ihm ihre Hand. Sie möchte zukünftig als „freie Bürgerin" leben. Rudenz setzt ein unmissverständliches Zeichen für seine Freiheitsliebe: Er erklärt seine Knechte zu freien Leuten.

Werner, Freiherr von Attinghausen

KURZINFO

Adliger Sympathisant des Aufstands und Beschwörer der Einigkeit
- Attinghausen verkörpert den konservativen Schweizer Landadel. Im Unterschied zu seinen Standesgenossen sympathisiert er mit den Aufstandsplänen.
- Er fühlt sein Ende nahen und sorgt sich um den Erhalt der traditionellen Werte.
- Er bestellt seinen Neffen und Erben Rudenz zu sich, um dessen Einstellung zu prüfen, weil er von dessen Parteiwechsel erfahren hat.
- Er beschwört ihn vergeblich, an den alten Werten festzuhalten und sich nicht zum Vaterlandsverräter und Fürstenknecht herabzustufen.
- Erst auf dem Sterbebett erfährt er, dass Rudenz sich am Freiheitskampf beteiligt.
- Mit seinen letzten Worten beschreibt er ein visionäres Bild einer neuen freien Schweiz und ruft die Eidgenossen beschwörend zur Einigkeit auf.

Der Freiherr verkörpert die traditionellen Werte

Attinghausen verkörpert den traditionellen Schweizer Landadel. Er ist bereits hoch betagt und erfreut sich bei seinen Knechten und in der Bevölkerung großer Beliebtheit. Er ist ein hoch angesehener Mann, dessen Rat gesucht wird. Deshalb möchten auch Walther Fürst und Melchthal ihre Aufstandspläne mit ihm besprechen. Weil er sein Ende nahen fühlt, hat er seinen Neffen Ulrich von Rudenz bereits zu seinem Erben eingesetzt. Der Freiherr begegnet zunächst als treu sorgender Hausvater, der zusammen mit seinen Knechten den Frühtrunk zu sich nimmt. Er betrachtet seine Knechte als Teil der Familie und behandelt sie deshalb wie eigene Kinder.

Weil er fühlt, dass nicht nur seine Zeit zu Ende geht, sondern auch die alte Werte wohl mit ihm untergehen werden, sorgt er sich um die Zukunft seines Hauses und möchte deshalb sicher sein, dass sein Neffe Haus und Hof in seinem Sinne weiterführt und damit die Tradition bewahrt. Deshalb hat er ihn zu sich bestellt.

In einem lang und intensiv geführten Gespräch muss er aber erfahren, dass Rudenz mit der Tradition und ihren Wertvorstellungen vollkommen gebrochen und die Partei der Habsburger ergriffen hat, weil er nur dort für sich eine Zukunft sieht. Vergeblich redet Attinghausen auf ihn ein, sich nicht von der Aussicht auf Macht und Glanz verführen zu lassen, vergeblich zeichnet er das Bild der selbstbewussten und freien schweizerischen Eigenständigkeit, die keinen anderen Herrn als den Kaiser anerkennt. Er wirft ihm Kurzsichtigkeit, Verblendung, Vaterlandsverrat und Selbstbetrug vor und sagt ihm voraus, dass er die seelische Belastung des Lebens in der fremden Welt der Habsburger nicht aushalte, weil er von Herkunft und charakterlicher Prägung dazu nicht geschaffen sei, er tauge nicht zu einem „Fürstenknecht":

Er versucht vergeblich Rudenz zur Umkehr zu bewegen

> „Die fremde falsche Welt ist nicht für dich,
> Dort an dem stolzen Kaiserhof bleibst du
> Dir ewig fremd mit deinem treuen Herzen!
> Die Welt, sie fodert andre Tugenden,
> Als du in diesen Tälern dir erworben."
> (V. 849–853)

Als er schließlich noch erfahren muss, dass Rudenz auch durch seine Liebe zu Bertha von Bruneck an das Haus Habsburg gebunden ist, verliert er alle Hoffnung, es verlässt ihn sogar der Lebensmut. Er fühlt sich als Relikt vergangener Zeiten:

Er fühlt sich als ein Relikt der alten Zeit

> „Das Würd'ge scheidet, and're Zeiten kommen,
> Es lebt ein anders denkendes Geschlecht!
> Was tu ich hier? Sie sind begraben alle,
> Mit denen ich gewaltet und gelebt.
> Unter der Erde schon liegt Meine Zeit,
> Wohl dem, der mit der Neuen nicht mehr braucht zu leben."
> (V. 953–958)

Erst in seiner Todesstunde, als die drei Eidgenossen an seinem Sterbebett stehen und er vergeblich auf das Eintreffen von Rudenz wartet, empfängt er einen gewissen Trost, als er über den Rütlischwur informiert wird. Er bedauert, dass der Adel sich an dem geplanten Aufstand vorerst nicht beteiligen will, schöpft aber die Hoffnung, dass mit der Erhebung eine neue Zeit beginnt, ohne dass die Tradition über Bord geworfen wird. Sterbend zeichnet er das visionäre Bild dieser neuen Zeit: „Das Alte stürzt, es

Sterbend erfährt er von Rudenz' Sinneswandel und Seitenwechsel

ändert sich die Zeit / Und neues Leben blüht aus den Ruinen." (V. 2426 f.) Mit seherischer Gabe hat er eine von der Tyrannenherrschaft befreite Schweiz vor seinem geistigen Auge und fordert mit seinen letzten Worten zur Einigkeit auf: „Seid einig – einig – einig" (V. 2452).

Herrmann Geßler

KURZINFO

Vasall des Kaisers und tyrannischer Gewaltherrscher
- Reichsvogt Geßler kennt von Anfang an nur ein Ziel: Er will die Freiheitsrechte in der Schweiz abschaffen und das Volk unter die Herrschaft Habsburgs zwingen.
- In seinen Kantonen errichtet er deshalb eine tyrannische Gewaltherrschaft.
- Sein Handeln ist geprägt von Skrupellosigkeit, Gefühlskälte und Zynismus.
- Mit dem Aufstellen des Geßlerhutes möchte er den Stolz der Schweizer brechen.
- Der von Tell geforderte Apfelschuss entlarvt ihn als einen Sadisten, der an der Seelenqual eines Vaters teuflische Freude empfindet.
- Mit Tells Verhaftung will er ein abschreckendes Exempel statuieren.
- Die Gefangennahme Tells unter Bruch seines Versprechens erklärt sich aus Neid und Rachegefühlen und einem Minderwertigkeitskomplex.
- Noch unmittelbar bevor ihn Tells Pfeil trifft, beweist er seine Unmenschlichkeit und eine perverse Selbstüberschätzung.

Geßler errichtet eine brutale Gewaltherrschaft

Als Reichsvogt ist Geßler der kaiserliche Verwalter in den Kantonen Schwyz und Uri. In dieser Eigenschaft verfügt er über ein Gesetzgebungsrecht und ist Gerichtsherr. Obwohl er nur ein Vasall des Monarchen ist, handelt er sehr eigenmächtig. Von Anfang an verfolgt er lediglich ein einziges Ziel: Er will das Schweizer Volk den neuen Herren aus dem Haus Habsburg gefügig machen und jeglichen Widerstand im Keim ersticken. Dazu ist ihm jedes Mittel recht. In seinen Kantonen errichtet er eine brutale Gewaltherrschaft, die vor nichts und niemand zurückschreckt. Geßler kennt weder Skrupel noch Erbarmen und handelt kompromisslos. In seinem Verhalten zeigt er eine erschreckende Gefühlskälte, die sich sogar zu Zynismus und geradezu teuflischem Sadismus steigert.

Die Aufstellung des Geßlerhutes

Wie egozentrisch und engstirnig-verbohrt er denkt und handelt, zeigt sich schon in seiner ersten Amtshandlung, dem Aufstellen des Geßlerhutes. Damit möchte er die

Schweizer im wahrsten Sinn des Wortes in die Knie zwingen, sie öffentlich demütigen und ihren Stolz brechen. Dass er zur Kontrolle sogar Wachen postiert, nimmt schon groteske Züge an. Die Lächerlichkeit dieses „Herrschaftszeichens" nimmt er aber gar nicht wahr. Auch das weit überzogene Strafmaß der Todesstrafe bei Nichtbeachtung des Grußgebots reflektiert er nicht.

Mit Tells Gefangennahme möchte er ein Exempel statuieren. Seine Verhaftung soll abschrecken. Bei seiner Ankunft auf dem Platz in Altdorf steigert er die öffentliche Zurschaustellung seiner Tyrannei in eine nur noch teuflisch zu nennende Dimension. Die Entschuldigung Tells, er habe nur aus Unachtsamkeit den Hut nicht gegrüßt, nimmt Geßler ebenso wenig an wie Tells Bitte, Gnade walten zu lassen. Hinterhältig erkundigt er sich, wie viele Kinder er habe und welches er am meisten liebe, um dann den Apfelschuss vom Kopf seines Sohnes anzuordnen.

Geßler zwingt Tell zum Apfelschuss

Tell kann also sein Leben nur retten, wenn er das Risiko eingeht, seinen Sohn zu töten. Verweigert er den Schuss, will Geßler nicht nur ihn, sondern auch seinen Sohn töten: ein teuflischer Plan, den sich nur ein Unmensch ausdenken kann. Er weiß genau, in welch tragischen Konflikt dies den Vater bringt. Es gibt keinen Ausweg, Tell hat keine Chance den Schuss zu verhindern. Genüsslich weidet sich Geßler minutenlang an Tells wahnsinnigem Schmerz. Sein ironisches Scherzen mit dem Mut und der schnellen Entschlusskraft Tells hat unverkennbar sadistische Züge:

> „Ei Tell, du bist ja plötzlich so besonnen!
> Man sagte mir, dass du ein Träumer seist,
> Und dich entfernst von andrer Menschen Weise.
> Du liebst das Seltsame – Drum hab ich jetzt
> Ein eigen Wagstück für dich ausgesucht.
> Ein andrer wohl bedächte sich – D u drückst
> Die Augen zu, und greifst es herzhaft an."
> (V. 1903–1909)

Geßler ist ein Sadist

Seine abgrundtiefe Bösartigkeit bezeichnet er vor Tell sogar noch als ein Gnadengeschenk – eine perverse Einschätzung des tragischen Konfliktes, in dem sich Tell befindet:

Analyse und Interpretation

> „Dein Leben ist verwirkt, ich kann dich töten,
> Und sieh, ich lege gnädig dein Geschick
> in deine eigne kunstgeübte Hand.
> Der kann nicht klagen über harten Spruch,
> Den man zum Meister seines Schicksals macht."
> (V.1931–1935)

Geßler will also den Schuss erzwingen. Der Meisterschütze Tell soll hier und jetzt seine Treffsicherheit beweisen, wobei Geßler natürlich sicher glaubt, dass Tell dieser übermenschlichen Belastung nicht gewachsen ist und versagen wird („Ich will dein Leben nicht, ich will den Schuss", V.1986).

Er kennt keine Gnade

Das mutige Einschreiten Berthas, die ihm Unmenschlichkeit und die Unverhältnismäßigkeit der Strafe für ein so geringfügiges Vergehen vorwirft, kann Geßler nicht zu einer Korrektur seiner Entscheidung bewegen. Auch die flehentliche Bitte des Schwiegervaters und Großvaters Walther Fürst um Gnade findet bei ihm kein Gehör, ebenso wenig das Angebot, ihm die Hälfte seines gesamten Besitzes und, wenn es sein muss, sogar all seinen Besitz zu übergeben, wenn Geßler nur einem Vater „das Grässliche" erlasse. Er zeigt keinerlei menschliche Regung. Auch Pfarrer Rösselmanns Appell an die Verantwortlichkeit seiner Taten vor Gott bewegt ihn nicht zu einem Einlenken.

Er übt blinde Rache an Tell

In dieser Szene zeigt sich auch ein charakterliches Defizit als Persönlichkeitsmerkmal: Geßlers Neid. Er missgönnt Tell das Ansehen, das er selbst vergeblich sucht. Er will ihn deshalb öffentlich demütigen und schwach sehen. Ursache dafür ist die Begegnung der beiden in einer einsamen Bergschlucht. Damals hat Tell ihn schwach gesehen. Er war allein und hat vor ihm gezittert, aber Tell hat ihn trotz einmaliger Gelegenheit nicht getötet. Diese Schwäche kann sich Geßler nicht verzeihen und will jetzt Rache nehmen, merkt aber nicht, dass er sich dadurch nur neue Feindschaft einhandelt.

Als er erfährt, dass Tell ihn mit seinem zweiten Pfeil getötet hätte, wenn er sein Kind getroffen hätte, bricht Geßler sein Versprechen und und verurteilt ihn zu lebenslanger Haft. Diese Handlungsweise ist eigentlich für ihn nur folgerichtig. In seinem letzten Auftritt in der hohlen Gasse bekräftigt er noch einmal das Hauptmotiv für seine Schreckensherrschaft. Er wollte den Stolz der Eidgenossen auf ihre Freiheit endgültig brechen:

> „Ich hab den Hut nicht aufgesteckt zu Altdorf
> Des Scherzes wegen, oder um die Herzen
> Des Volks zu prüfen, diese kenn ich längst.
> Ich hab ihn aufgesteckt, dass sie den Nacken
> Mir lernen beugen, den sie aufrecht tragen –"
> (V. 2717–2721)

Hohle Gasse

Analyse und Interpretation

Er weist Armgart unbarmherzig ab

Den letzten Beweis seiner Unmenschlichkeit liefert Geßler, unmittelbar bevor ihn der tödliche Pfeil Tells trifft. Als sich die bitterarme Bauersfrau Armgart mit ihren Kindern vor ihm in den Weg wirft und um Gnade für ihren seit Monaten eingekerkerten Mann bittet, weil ihnen der Hungertod droht, lässt er sie gewaltsam aus dem Weg räumen, ohne auch nur eine Spur von Mitleid zu zeigen. In grenzenloser Verblendung und Selbstüberschätzung verkündet er anschließend ein noch rigoroseres Regierungsprogramm, denn er findet seine Tyrannei noch allzu milde:

Er will den Terror noch steigern

> „Ein allzu milder Herrscher bin ich noch
> Gegen dies Volk – die Zungen sind noch frei,
> Es ist noch nicht ganz wie es soll gebändigt –
> Doch es soll anders werden, ich gelob es,
> Ich will ihn brechen, diesen starren Sinn,
> Den kecken Geist der Freiheit will ich beugen."
> (V. 2779–2784)

Ehe er seine neuen Schikanen präzisieren kann, sinkt er tödlich getroffen zu Boden. Keiner der Anwesenden eilt ihm zu Hilfe.

Geßler zeigt sich im gesamten Verlauf der Handlung als die Verkörperung des absolut Bösen, erfüllt von Grausamkeit, Menschenverachtung, Neid und einem Minderwertigkeitskomplex. Mitleidlos, feige und hinterhältig verbreitet er Angst und Schrecken und findet ein sadistisches Vergnügen daran. Seinen Gegenspieler Tell hat er sich damit im wahren Wortsinn zum Todfeind gemacht. Seine Ermordung erscheint als gerechte Strafe, mit der die göttliche Weltordnung wiederhergestellt ist.

Johannes Parricida

> **KURZINFO**
>
> **Gegenbild zur Titelfigur**
> - Als vorgeblicher Mönch namens Johannes Parricida befindet sich der Herzog von Schwaben auf der Flucht.
> - Er hat seinen Onkel, König Albrecht, ermordet, weil er sich von diesem um sein Erbe betrogen sah.
> - Er sucht Zuflucht im Hause Tells, weil er hofft, bei ihm Verständnis für seine Tat zu finden.
> - Tell bestreitet vehement die Vergleichbarkeit der beiden Mordtaten.
> - Er empfiehlt Parricida einen Bußgang nach Rom, um dort vom Papst für seine schwere Schuld die Absolution zu erhalten.

Als Mönch mit dem Namen Parricida erscheint Johannes von Schwaben kurz vor Tells Rückkehr an dessen Haustür und bittet um Einlass. Er macht einen verstörten Eindruck, hat offenbar die Orientierung verloren und wird von Walther ins Haus gebeten. Als Hedwig ihn sieht, hat sie gleich den Verdacht, dass der Mann in Wahrheit kein Mönch ist. Sie erkennt intuitiv, dass man ihm nicht trauen kann, und geht auf Distanz. Dem kurz darauf heimkehrenden Tell erklärt sie, dass sie sich vor diesem Mönch fürchtet: „Sprich du mit ihm, mir graut in seiner Nähe." (V. 3148)

Tell hat den gleichen Verdacht und stellt ihn sofort zur Rede. Daraufhin erklärt Parricida, dass er wie Tell einen Feind erschlagen und mit diesem Mord das Land befreit habe. Durch das Geständnis erkennt Tell ihn als Herzog Johannes von Schwaben, der seinen Onkel erschlagen hat und seitdem flüchtig ist. Den Versuch Parricidas, seinen Mord mit dem Mord an Geßler gleichzusetzen, weist Tell erzürnt von sich. Er wirft ihm vor, einen feigen Meuchelmord begangen zu haben, und verflucht ihn, weil er die „heilige Natur", d. h. die natürliche gottgewollte Ordnung, geschändet habe, während er, Tell, nur sein Teuerstes, nämlich Heimat und Familie, verteidigt habe (vgl. V. 3181–3185).

Parricida gesteht daraufhin, dass er seinen Onkel aus Neid und Missgunst ermordet hat, weil er sich von ihm um sein Erbe betrogen sah, als dieser seinen gleichaltrigen Neffen Leopold zum Haupterben eingesetzt hat. Seit

Analyse und Interpretation

dieser Mordtat befinde er sich auf der Flucht, weil über ihn und seine Helfer die Reichsacht verhängt wurde.

Weil Tell weiß, dass Parricida damit für vogelfrei erklärt wurde und somit von jedermann gefangen und getötet werden kann, hat er schließlich Mitleid mit ihm und beschreibt ihm einen Weg, auf dem er unentdeckt über die Alpen nach Rom gelangen kann. Dort solle er den Papst um Vergebung bitten, weil nur dieser ihm für seine schwere Schuld Absolution erteilen könne.

Bertha von Bruneck

KURZINFO

Einflussreiche Unterstützerin des Schweizer Freiheitskampfes
- Bertha von Bruneck ist eine österreichische Adlige mit Besitzungen in der Schweiz.
- Sie fürchtet Opfer der habsburgischen Macht- und Heiratspolitik zu werden und damit ihren Landbesitz zu verlieren.
- Sie distanziert sich von Geßlers tyrannischen Herrschaftsmethoden und zeigt sich solidarisch mit den Schweizern.
- Das Schweizer Volk bleibt ihr gegenüber aber reserviert, ihr Hilfsangebot wird zurückgewiesen.
- Sie liebt Rudenz, fordert aber als Gegenleistung seinen Parteiwechsel.
- Durch ihre massiven Vorwürfe erreicht sie sein Umdenken und damit seine Beteiligung am Freiheitskampf.
- Dabei handelt es nicht ganz ohne Eigeninteresse.
- Ihr Ziel ist es, als freie Bürgerin mit Rudenz in einer freien Schweiz zu leben.
- Dieses Ziel erreicht sie am Ende: Sie verzichtet auf ihre Adelsprivilegien und wird als freie Bürgerin von den Schweizern aufgenommen.

Bertha von Bruneck ist eine österreichische Adlige, die über einen Landbesitz in der Schweiz verfügt. Deshalb hat das Haus Habsburg im Sinne der Vergrößerung seiner Hausmacht großes Interesse daran, durch eine geschickte Heiratspolitik in den Besitz ihrer Ländereien zu gelangen. Bertha selbst versucht sich aber diesem Zugriff zu entziehen und distanziert sich damit von Geßlers Politik.

Bertha solidarisiert sich mit den Schweizern

Sie zeigt sich solidarisch mit den Schweizern und deren Freiheitsbewusstsein. Das Schweizer Volk selbst zeigt ihr gegenüber eine gewisse Reserviertheit, sie wird als Parteigängerin Geßlers betrachtet. Als z. B. ein Dachdecker beim Bau der Burg Zwing Uri tödlich verunglückt und sie helfen will, indem sie dem Volk ihr Geschmeide zuwirft, um damit das Leben des Verunglückten zu retten, wird ihre Hilfe von dem Meister unmissverständlich zurückgewiesen:

> „Alles ist Euch feil
> Um Gold, wenn ihr den Vater von den Kindern
> Gerissen und den Mann von seinem Weibe,
> Und Jammer habt gebracht über die Welt,
> Denkt ihr's mit Golde zu vergüten – Geht!"
> (V. 450–454)

Um den Apfelschuss zu verhindern, baut sie Geßler eine Brücke, über die er aber nicht gehen will. Sie spielt den unmenschlichen Befehl herunter, indem sie ihn als Scherz verstanden wissen will, muss aber erfahren, dass es Geßler bitterer Ernst ist.

Bertha liebt Ulrich von Rudenz, leidet aber unter dessen Parteinahme für die Habsburger so sehr, dass sie seinem Werben auf keinen Fall nachgeben will, wenn er seine Einstellung und sein Verhalten nicht ändert. Bei ihrer Begegnung während einer Jagd, bei der Rudenz ihr seine Liebe gesteht, muss er zu seinem größten Erstaunen erfahren, dass er Bertha völlig falsch eingeschätzt hat. Sie erhebt schwere Vorwürfe gegen ihn, wirft ihm Treulosigkeit und Pflichtvergessenheit gegenüber seiner Heimat vor, bezeichnet ihn als „Sklave[n] Österreichs" (V. 1604), der seinem eigenen Volk in den Rücken falle, und bekennt ihre eigene Sympathie für den Freiheitskampf, ja sogar ihre Liebe zum Schweizer Volk:

Sie erhebt schwere Vorwürfe gegen Rudenz

> „Die Seele blutet mir um Euer Volk,
> Ich leide m i t ihm, denn ich muss es lieben,
> Das so bescheiden ist und doch voll Kraft
> […]."
> (V. 1618–1620)

Schließlich trifft sie ihn mitten ins Herz, als sie bekennt, eher werde sie Geßler selbst ihre Hand schenken als ihm:

> „Eher wollt' ich meine Hand
> Dem Geßler selbst, dem Unterdrücker schenken,
> Als dem Naturvergessnen Sohn der Schweiz,
> Der sich zu seinem Werkzeug machen kann!"
> (V. 1609–1612)

Analyse und Interpretation

Bertha öffnet dem verblendeten Rudenz die Augen. Sie klärt ihn über die politischen Ränke und die Machtgier der Habsburger auf, deren Opfer auch sie selbst sein solle:

> „Hofft nicht durch Östreichs Gunst mich zu erringen,
> Nach meinem Erbe strecken sie die Hand,
> Das will man mit dem großen Erb vereinen.
> Dieselbe Landgier, die eure Freiheit
> Verschlingen will, sie drohet auch der meinen."
>
> (V. 1662–1666)

Sie zwingt Rudenz zur Umkehr

Als sie ihm am Ende erklärt, dass nur seine Liebe sie vor dem Zugriff Österreichs retten könne, wechselt Rudenz nicht nur sofort die Seite. Mit Berthas Hilfe hat er auch wieder zu sich selbst gefunden. Nicht ganz ohne Eigeninteresse, aber auch aus innerer Überzeugung schafft es Bertha, aus einem verblendeten „Fürstenknecht" (V. 855) einen glühenden Verfechter der Freiheit zu machen, der sich in die vorderste Linie des Befreiungskampfes stellen will. Schon jetzt malen sich beide das Bild einer trauten Zweisamkeit als freie Schweizer Bürger aus. In der Tat löst Bertha nach dem Mord an Geßler und dem geglückten Aufstand ihr Versprechen ein: Sie verzichtet auf ihre Adelsprivilegien und lebt in Zukunft mit Rudenz als freie Bürgerin der Schweiz.

Hedwig

KURZINFO

Tells treu sorgende, aber unnachsichtige Gattin

- Hedwig ist ständig in Sorge um ihren Mann, vor allem wegen seiner spontanen, selbstlosen Hilfsbereitschaft.
- Sie versucht vergeblich, ihn von seinem Gang nach Altdorf abzuhalten, solange sich Geßler dort aufhält, weil sie dessen Rache befürchtet.
- Den Apfelschuss kann sie Tell nie verzeihen. Alle Rechtfertigungsversuche durch Stauffacher und Melchthal weist sie zurück.
- Auch Tells Mordtat liegt außerhalb ihrer Vorstellungswelt. Dies belegt ihr Zögern, bei der Heimkehr Tells seine Hand zu ergreifen.

Hedwig ängstigt sich um ihren Mann

Hedwig begegnet dem Leser/Zuschauer nur im häuslichen und familiären Umfeld, als Tells Frau und Mutter zweier Söhne. Um ihren Mann hat sie häufig große Angst, wenn dieser seinem Beruf als Alpenjäger nachgeht, weil überall in den Bergen Gefahren lauern und auch tödliche Unfälle nicht selten sind. Sie macht sich auch Sorgen um ihn, weil er dafür bekannt ist, dass er Menschen in Not spontan hilft und dabei oft sein eigenes Leben riskiert, so z. B. bei der Rettung Baumgartens vor dessen Verfolgern. Sie hält dieses Verhalten für verantwortungslos gegenüber der Familie und warnt ihn eindringlich vor zu viel selbstloser Hilfe, auch weil sie davon überzeugt ist, dass ihm, wenn er einmal in Not gerät, wohl niemand helfe:

> „Ja du bist gut und hilfreich, dienest allen,
> Und wenn du selbst in Not kommst, hilft dir keiner."
> (V. 1533 f.)

Von bevorstehenden Unruhen und Aufstandsplanungen hat sie gerüchteweise gehört und hegt deshalb böse Vorahnungen, als Tell sich bewaffnet mit seiner Armbrust auf den Weg nach Altdorf machen will. Sie weiß, dass der Landvogt sich in Altdorf aufhält, und bittet Tell inständig, wenigstens so lange zu warten, bis Geßler Altdorf wieder verlassen hat. Anders als Tell, der sich vor Geßler sicher fühlt, weil er nichts Unrechtes getan hat, und der sogar meint, dass der Landvogt ihm zur Dankbarkeit verpflichtet sei, weil er ihm einmal das Leben geschenkt hat, fürchtet Hedwig dessen Rache, eben weil er einmal vor Tell gezittert hat. Diese Schwäche könne er nicht verwinden. Sie rät deshalb zur Vorsicht. Damit beurteilt sie sowohl Geßler als auch die momentane politisch-gesellschaftliche Situation im Kanton Schwyz realistischer als Tell, der all ihre Warnungen in den Wind schlägt und sogar noch seinen ältesten Sohn mitnimmt.

Sie warnt ihn vor Geßlers Rache

Als sie nach der Verhaftung Tells im Haus ihres Vaters den Sohn Walther unverletzt in die Arme schließt, sieht sie sich in ihrer Vorahnung bestätigt und wirft ihrem Mann Herzlosigkeit vor. Sie kann nicht verstehen, dass ein Vater auf seinen Sohn schießen konnte:

> „Kann ich vergessen,
> Wie's hätte kommen k ö n n e n – Gott des Himmels!
> Und lebt' ich achtzig Jahr – Ich seh den Knaben ewig
> Gebunden stehn, den Vater auf ihn zielen,
> Und ewig fliegt der Pfeil mir in das Herz."
> (V. 2324–2328)

Sie kann Tell den Apfelschusss nicht verzeihen

Analyse und Interpretation

Alle Rechtfertigungsversuche Stauffachers und Melchthals lässt sie nicht gelten. Als Baumgarten ihr Gefühllosigkeit gegenüber ihrem Mann vorwirft, gibt sie diese Anschuldigung zornig zurück. Sie erinnert beide daran, dass sie der Verhaftung Tells tatenlos zugeschaut haben. Um ihren eingekerkerten Mann macht sie sich große Sorgen. Sie befürchtet, dass er, der seine Freiheit und die Natur über alles liebt, im Gefängnis erkrankt und seine Gefangenschaft nicht überleben wird:

> „Gefangen! Er! Sein Atem ist die Freiheit,
> Er kann nicht leben in dem Hauch der Grüfte."
> (V. 2363 f.)

Gleichzeitig bezweifelt sie, dass ihr Vorhaben, Tell zu befreien, gelingt und dass der geplante Aufstand ohne Tell überhaupt eine Chance hat:

> „Was könnt i h r schaffen ohne ihn? Solang
> Der Tell noch frei war, ja d a war noch Hoffnung,
> […]
> Euch alle rettete der Tell – Ihr alle
> Zusammen könnt nicht s e i n e Fesseln lösen."
> (V. 2366–2371)

Sie zeigt noch bei Tells Heimkehr eine gewisse Scheu

Auch als Tell nach dem Mord an Geßler nach Hause kommt, gerät sie unwillkürlich ins Stottern, sie scheut sich Tells Hand zu fassen. So ungeheuer erscheinen ihr seine Taten:

> „Wie – w i e kommst du mir wieder? Diese Hand
> – Darf ich sie fassen? – Diese Hand – O Gott!"
> (V. 3143 f.)

Gertrud Stauffacher

KURZINFO

Politisch engagierte und kompromisslose Widerstandskämpferin

- Gertrud Stauffacher ist eine gebildete und politisch informierte Frau aus edlem Hause.
- Sie beurteilt ihre familiäre und die momentane gesellschaftliche Situation in der Schweiz realistisch und absolut korrekt.
- Ihren stets mit Bedacht handelnden Mann überzeugt sie von der Notwendigkeit eines schnellen, gemeinsamen Aufstandes, auch mit Gewalt.
- Dabei nimmt sie alle Risiken, selbst das Opfer des eigenen Lebens in Kauf.
- Indem ihr Mann sofort ihrem Rat folgt, wird sie zur Initiatorin des Rütlischwures.

Stauffachers Frau Gertrud ist die Tochter des edlen Iberg. In dessen Haus hat sie viele Gespächsrunden der „Häupter des Volkes" miterlebt und ist damit schon seit ihrer Jugend politisch interessiert und über die Rechtslage in den Schweizer Kantonen wohl informiert. Deshalb weiß sie auch, was ihren Mann bedrückt, und als dieser ihr erzählt, womit er sich den Hass Geßlers zugezogen hat, erklärt sie ihm offen, was er längst weiß, aber ihr gegenüber nie ausgesprochen hat: Geßler will den freien Bauernstand im Kanton Schwyz beseitigen und dabei steht er als ein sehr wohlhabender Bauer in erster Linie in seinem Blickfeld (vgl. V. 260 f.).

Gertrud ist eine kluge und politisch gebildete Frau

Gertrud weist ihren Mann darauf hin, dass Geßler als jüngerer und damit nicht erbberechtigter Sohn aus dem Ritterstand selbst über kein Eigentum verfügt und deshalb allen Schweizer Bauern ihren Besitz neidet. Sie fordert ihren Mann auf, nicht zu warten, bis Geßler auf sein Eigentum zugreift, indem er die Rechtslage zu seinen Gunsten verändert. Sie ist bestens darüber informiert, wie sehr die Bevölkerung auch in den Kantonen Uri und Unterwalden unter der Tyrannei der Vögte leidet, und drängt ihren Mann zu einem gemeinsamen Widerstand der drei Kantone, auch mit Waffengewalt.

Alle von Stauffacher vorgetragenen Bedenken bezüglich der schrecklichen Zerstörungen und unschuldigen Opfer, die ein Krieg notwendigerweise mit sich bringt, lässt sie nicht gelten. Die Zerstörung ihres eigenen Hauses nimmt sie in Kauf, wenn die Freiheit anders nicht gerettet werden kann. Aber erst als sie ihrem Mann erklärt, dass sie auch ihr eigenes Leben zu opfern bereit wäre und im Falle einer Niederlage sogar den Freitod wählen werde, ist er endgültig überzeugt und zum sofortigen Handeln bereit. Er macht sich umgehend auf den Weg nach Uri zu Walther Fürst und dem Freiherrn von Attinghausen, um mit ihnen erste Schritte für einen gemeinsamen Widerstand zu besprechen. Damit ist es also Gertruds politischer Weitsicht und ihrem Engagement für die Freiheit zu verdanken, dass der Widerstandskampf in Gang gesetzt wird.

Analyse und Interpretation

Themen

Staat, Gesellschaft und Revolution

KURZINFO

Entwurf einer Demokratie?
- Das Bild von Staat und Gesellschaft in *Wilhelm Tell* ist geprägt von Schillers Beurteilung der Französischen Revolution und seiner Beschäftigung mit der Staatsrechtslehre der Aufklärung.
- Er entwirft das Gegenbild eines sittlich gerechtfertigten und nicht von Terror geprägten Freiheitskampfes.
- Ziel des Aufstandes ist nicht die revolutionäre Umgestaltung der Gesellschaft, sondern die Wiederherstellung der traditionellen Ordnung und der Freiheitsrechte.
- Auf dem Rütli handeln die Volksvertreter nach den Regeln der direkten Demokratie. Auch Unfreie werden als Vertreter zugelassen. Der Adel ist nicht vertreten, weil seine Rechte nicht tangiert sind.

In seinem Drama *Wilhelm Tell* entwirft Schiller ein Bild von Staat und Gesellschaft, das geprägt ist von seiner Beurteilung der Französischen Revolution und von seiner Beschäftigung mit der Staatsrechtslehre sowie der Philosophie der Aufklärung und des deutschen Idealismus. In seinem Sturm-und-Drang-Drama *Die Räuber* prangert er noch die absolutistische Fürstenwillkür an und fordert deren Sturz. Unter dem Eindruck der Schreckensherrschaft Robespierres in Frankreich ändert er seine Einstellung zur Revolution, insbesondere zu deren Durchsetzung mit den Mitteln des Terrors. Er macht revolutionäre Gewalt abhängig von bestimmten Bedingungen. Diese basieren auf der Staatstheorie der Philosophen Rousseau, Thomas Hobbes und John Locke.

Wilhelm Tell als Gegenentwurf zur Französischen Revolution

Berufung auf die Staatsrechtslehre der Aufklärung

Rousseaus Lehre vom Gesellschaftsvertrag beinhaltet die Vorstellung, dass die Menschen im Naturzustand, also bevor sie Staaten gründeten, gut und frei gelebt haben. Erst durch das Zusammenleben in Gesellschaft entwickelten sie Neid, Habsucht und Herrschsucht. Im Gesellschaftsvertrag unterwerfen sich die Menschen deshalb freiwillig unter einen sogenannten Gemeinwillen – er entspricht dem Allgemeinwohl – und sichern so ihr eigenes Wohl. Hobbes und Locke entwickeln die Staatstheorie der Aufklärung, wonach eine Regierung nur legitim ist, wenn sie die Zustimmung der Regierten besitzt und die Naturrechte Leben, Freiheit und Eigentum garantiert sind. Gegen die gewaltsame Unterdrückung dieser Rechte hat das Volk ein Recht auf Widerstand.

In *Wilhelm Tell* wird in der Anfangsszene ein idyllischer Naturzustand dargestellt. Die Schweizer leben frei und selbstbestimmt und erkennen freiwillig die Oberhoheit des Kaisers an, der ihnen ihre Freiheitsrechte zugestanden hat. Die tyrannische Herrschaft der Vögte zerstört diese Idylle. Sie ist unrechtmäßige Gewalt, gegen die Widerstand geboten und erlaubt ist. In seiner Darstellung des Schweizer Freiheitskampfes entwirft Schiller das Ideal einer sittlich gerechtfertigten Revolution. Sie unterscheidet sich deutlich von dem revolutionären Terror in Frankreich, kann sich aber mit gutem Recht auch auf die Grundforderungen von Freiheit, Gleichheit und Brüderlichkeit berufen.

Der Widerstand der Schweizer richtet sich von Anfang an nur gegen die Exzesse der tyrannischen Vögte und rechtfertigt sich aus einer gewissen Notwehrsituation. Er hat nicht die Beseitigung der staatlichen und gesellschaftlichen Ordnung als Ziel und setzt auch nicht ausschließlich auf revolutionäre Gewalt. Es gibt deshalb auch keinen spontanen und unberechenbaren „Sturm auf die Bastille", der in Paris Auslöser der Revolution gewesen ist.

Revolutionärer Umsturz ist nicht Ziel des Kampfes

Stauffacher, der führende Kopf der Eidgenossen, muss erst von seiner Frau Gertrud für einen gewaltsamen Aufstand gewonnen werden. Walther Fürst rät immer wieder zu Vorsicht, Zurückhaltung und Augenmaß, und sogar der Heißsporn Arnold vom Melchthal zügelt seine berechtigten Rachegelüste und unterwirft sich den umsichtigen Aufstandsplanungen. Die drei Hauptakteure vertreten nicht nur drei Generationen, sie handeln stellvertretend für das gesamte Volk.

Hauptakteure handeln mit Augenmaß

Auch die Frauen, allen voran Gertrud und Bertha, befürworten den Aufstand, indem sie sich solidarisch erklären. Gertrud kann sogar als Initiatorin des Aufstandes gelten (vgl. das Gespräch Gertrud/Stauffacher in II,2). Auf dem Rütli sind Volksvertreter aus den drei Kantonen versammelt, auch Unfreie werden in den Bund aufgenommen. Nur der Adel fehlt, er ist aber auch von der Tyrannenherrschaft der Vögte nicht betroffen.

Wiederherstellung der traditionellen Freiheitsrechte als Ziel

In der Rütli-Versammlung und mit dem Rütlischwur zeigt Schiller ein positives Gegenbild zur Französischen Revolution: Die Vertreter handeln nach den Regeln der direkten Demokratie. Alle Stimmen sind gleichberechtigt, es wird mehrheitlich entschieden, alle Funktionsträger werden demokratisch gewählt. Obwohl die Versammlung, weil sie geheim und um Mitternacht stattfindet, verschwörerische Züge aufweist, handeln die Vertreter nicht als Umstürzler, sondern fühlen sich als Bewahrer und Wiederhersteller der alten Landsgemeinde (Versammlung der stimmfähigen Bürger eines Kantons) und ihrer traditionellen Ordnung. Die Eidgenossen nehmen sich auf dem Rütli viel Zeit, um ihren Aufstand überzeugend zu begründen.

Stauffacher verweist auf die Mühen der Besiedlung und Kolonisierung des Landes und pocht auf die Einhaltung der ihnen im Freiheitsbrief von Kaiser Friedrich II. zugestandenen Rechte und Pflichten (vgl. V. 1214 f.). Hierin haben sich der Kaiser und die Schweizer zu gegenseitigem Schutz verpflichtet. Der Kaiser garantiert den Schweizern freies Eigentum und Selbstverwaltung und gewährt ihnen bei einem Angriff den Schutz des Reiches, die Schweizer wiederum folgen dem Heerbann (vgl. S. 35) und leisten damit ihren Beitrag zur Reichsverteidigung, wenn sie gerufen werden.

Selbsthilfe als legitimes Mittel

Unterwerfung unter die österreichische Herrschaft gilt als Landesverrat. Gewaltanwendung ist aber erst erlaubt, wenn alle Mittel zu einer friedlichen Lösung ausgeschöpft sind. Dass in diesem Sinn nichts unversucht gelassen wurde, dokumentiert der Bericht von Konrad Hunn über den gescheiterten Versuch, dem Kaiser einen Beschwerdebrief über die Verletzung der Freiheitsrechte und die Tyrannei der Vögte zu überreichen (vgl. V. 1324 ff.). Da der Kaiser ihre Delegation nicht einmal vorgelassen hat, nehmen die Eidgenossen sich jetzt das Recht zur Selbsthilfe. Noch immer aber geben sie sich der Hoffnung hin, dass Blutvergießen vermieden werden kann. Insbesondere Walther Fürst setzt bis zur letzten Minute auf Mäßigung und auf ein Einlenken des Kaisers, wenn die Vögte vertrieben sind:

> „Was sein muss, das geschehe, doch nicht drüber.
> Die Vögte wollen wir mit ihren Knechten
> Verjagen und die festen Schlösser brechen,
> Doch wenn es sein mag, ohne Blut. Es sehe
> Der Kaiser, dass wir notgedrungen nur
> Der Ehrfurcht fromme Pflichten abgeworfen.
> Und sieht er uns in unsern Schranken bleiben,
> Vielleicht besiegt er staatsklug seinen Zorn
> […]."
> (V. 1366 ff.)

Auch Stauffacher vertraut darauf, dass die Vögte wenig Gegenwehr leisten werden, wenn sie das Volk in Waffen sehen. Auf diese Weise wird mit Bedacht der Aufstand bis zum Weihnachtsfest verschoben. Mit dem Rütlischwur endet die Versammlung. Er ist die Erneuerung des alten Schweizer Bundes und beschwört die Einigkeit:

> „Wir wollen sein ein einzig Volk von Brüdern,
> In keiner Not uns trennen und Gefahr."
> (V. 1447 f.)

Nach dem Schwur legen die Eidgenossen sich weiter Zurückhaltung auf und schließen individuelle Racheakte kategorisch aus.

Die Adligen sind auf dem Rütli nicht vertreten. Sie bleiben bei den Aufstandsplanungen außen vor. Man denkt aber nicht daran, die Feudalherrschaft zu beseitigen oder gar Köpfe rollen zu lassen, sondern vertraut auf eine freiwillige Eingliederung in den neuen Bund der Eidgenossen, wie sie der sterbende Freiherr von Attinghausen in visionärer Sicht beschreibt:

> „Der Adel steigt von seinen alten Burgen,
> Und schwört den Städten seinen Bürgereid
> […]."
> (V. 2431 ff.)

Bertha von Bruneck und Ulrich von Rudenz vollziehen diesen Schritt am Ende des Dramas. Bertha verzichtet auf ihre Adelsprivilegien und lebt künftig als freie Schweizer Bürgerin, Ulrich von Rudenz entlässt seine Knechte in die Freiheit.

Tell – ein Held?

> **KURZINFO**
>
> **Revolutionär wider Willen**
> - Die Bewahrung der Natur und der sittlichen Weltordnung sind für Tell absolut gültige Werte.
> - Er lebt still und zurückgezogen und pflegt außerhalb der Familie kaum soziale Kontakte.
> - Die große Politik interessiert ihn nicht. Politischen Auseinandersetzungen und Diskussionen geht er aus dem Weg.
> - Die eigene und die aktuelle politische Situation schätzt er aufgrund seiner Naivität völlig falsch ein.
> - Durch den Sadismus Geßlers in der Apfelschuss-Szene wird er unfreiwillig in den Freiheitskampf einbezogen.
> - Der Tyrannenmord ist für ihn eine sittliche Pflicht.
> - Die Gleichsetzung der Morde an Geßler und König Albrecht weist er entschieden zurück.

Tell ist im Drama nicht durchgehend präsent, er greift nur an wenigen, aber entscheidenden Stellen in die Handlung ein. Durch ihn eskaliert der Konflikt zwischen den Eidgenossen und den Vögten, sein Mord an Geßler löst den vorzeitigen Aufstand aus und führt schließlich die Lösung herbei.

Tell genießt als Tatmensch hohes Ansehen

Tell tritt von Beginn an als Mann der Tat auf. Er gilt als meisterlicher Jäger und Schütze und genießt auch wegen seiner charakterlichen Eigenschaften hohes Ansehen. Schon in der ersten Szene zeigt er seine Unerschrockenheit, seine schnelle Entschlusskraft und seine Hilfsbereitschaft für Menschen in Not. Ohne zu zögern, wagt er trotz Sturmes die Überfahrt zum anderen Ufer des Vierwaldstätter Sees und rettet so Baumgarten vor seinen Verfolgern. Er ist ein Ausnahmemensch, der wegen seines heldenhaften Mutes von allen bewundert wird, wie der Fischer Ruodi anerkennend feststellt: „Es giebt nicht zwei, wie der ist, im Gebirge." (V. 164)

Wegen seines vorbildlichen Sozialverhaltens geht Tell ein geradezu legendärer Ruf voraus. Er scheut kein Risiko, setzt sogar sein Leben aufs Spiel und vertraut dabei blind auf Gottes Beistand, weil er stets so handelt, wie es ihm sein Gewissen vorschreibt. So trägt er, bevor er ins Boot steigt, dem Hirten Werni auf, seiner Frau auszurichten, dass er nicht anders habe handeln können:

> „Landsmann, tröstet Ihr
> Mein Weib, wenn mir was menschliches begegnet,
> Ich hab getan, was ich nicht lassen konnte."
> (V. 158–160)

Trotz seines Einsatzes für andere bleibt Tell ein Einzelgänger. Intensive soziale Kontakte außerhalb der Familie pflegt er nicht. Fremde Hilfe glaubt er nicht zu brauchen. Er verlässt sich ausschließlich auf seine eigene Kraft und Stärke. „Der Starke ist am mächtigsten a l l e i n " (V. 437) ist deshalb seine Antwort auf Stauffachers Einladung, sich am Aufstand zu beteiligen. Tell will sich in die Politik nicht einmischen, er rät zu „Geduld und Schweigen" (V. 420).

Politik ist ihm fremd, er ist aber zur Hilfe bereit

Politische Diskussionen sind dem Tatmenschen zuwider. Er kann und will nicht lange debattieren, bevor er sich zu etwas entscheidet. Er handelt nach seinem Gefühl. Aber er ist bereit zu helfen, wenn er gebraucht wird.

> „Doch w a s ihr tut, lasst mich aus eurem R a t,
> Ich kann nicht lange prüfen oder wählen.
> Bedürft ihr meiner zu bestimmter T a t,
> Dann ruft den Tell, es soll an mir nicht fehlen."
> (V. 442–445)

Tell ist im Grunde ein apolitischer Mensch, und ein Denken in politischen Dimensionen ist ihm völlig fremd. Deshalb schätzt er auch die momentane hochexplosive Situation in den Kantonen völlig falsch ein. Der Warnung seiner Frau, nicht nach Altdorf zu gehen, weil dort wegen der Anwesenheit Geßlers Unruhen zu erwarten seien, schenkt er daher kein Gehör. Er vertraut naiv seiner Rechtschaffenheit, die ihn, wie glaubt, schützt.

Er schätzt seine eigene und die politische Lage völlig falsch ein

Von der gleichen Naivität ist auch sein Menschenbild geprägt. Von Geßler erwartet er z. B. Dankbarkeit, weil er sein Leben einmal geschont hat. Dass das Gegenteil,

Analyse und Interpretation

nämlich Rache, die Folge seines großzügigen Verhaltens ist, wie ihm Hedwig einsichtig erklärt, passt nicht in sein Weltbild. Erst in der Apfelschuss-Szene gerät dieses Weltbild gründlich ins Wanken. Wenn er achtlos an dem Geßlerhut vorbeigeht, so lässt das nur den Schluss zu, dass er entweder nichts von dem Grußgebot weiß oder eine solche Geste der Unterwürfigkeit für menschenunwürdig hält. Wäre er klug gewesen, dann hätte er diesen Platz gemieden. So aber aber muss es zwangsläufig zu einem Konflikt kommen.

Die Konfrontation mit dem Sadismus Geßlers, der die Seelenqualen des Vaters sichtlich auskostet, führt ihm vor Augen, dass auch die Boshaftigkeit in der Welt ihren Platz hat, ja dass sie sogar regieren kann. Tells Antwort auf die unmenschliche Brutalität erfolgt konsequent: Der Verursacher solcher Teuflichkeit muss beseitigt werden, damit die gerechte Ordnung der Welt wiederhergestellt ist. Der Entschluss, Geßler bei nächster Gelegenheit zu töten, ist aber noch immer nicht politisch motiviert. Dass er einmal zum Mörder werden würde, konnte sich Tell nicht vorstellen. Deshalb rechtfertigt der sonst so wortkarge Tatmensch sein Vorhaben, als er Geßler in der hohlen Gasse auflauert, in einem langen Monolog: Geßler habe ihn, den friedlichen Wildjäger, aus seiner heilen Welt brutal herausgerissen. Er sei nicht nur einem Ungeheuer begegnet, sondern werde selbst zu einer „ungeheuren" Tat gezwungen, die sein Vorstellungsvermögen übersteige:

> Der Mord an Geßler ist nicht politisch motiviert

> „D u hast aus meinem Frieden mich heraus,
> Geschreckt, in gärend Drachengift hast du
> Die Milch der frommen Denkart mir verwandelt,
> Zum Ungeheuren hast du mich gewöhnt –"
> (V. 2572–2575)

> Der Mord ist moralisch gerechtfertigt

Tell beteuert, dass das einzige Motiv für seine Tat der Schutz seiner Familie ist:

> „Die armen Kindlein, die unschuldigen,
> Das treue Weib muss ich vor deiner Wut
> Beschützen, Landvogt – […]"
> (V. 2578–2580)

Geßler beschuldigt er, seinen kaiserlichen Auftrag missbraucht und die Rechtsordnung gebrochen zu haben. Damit habe er die göttliche Weltordnung verletzt, die jetzt durch ihn, Tell, wiederhergestellt werden müsse. Er fühlt sich also als Werkzeug Gottes: „Es lebt ein Gott, zu strafen und zu rächen." (V. 2597) Tell personifiziert sogar seine Armbrust und bittet sie beschwörend, ihm den Dienst noch dieses eine Mal nicht zu versagen, denn es werde sein letzter Schuss sein.

Tell fühlt sich als Werkzeug Gottes

Weil die Ermordung Geßlers als Fanal zum vorzeitigen Beginn des Aufstands verstanden wird, wird Tells Tat zum Politikum und er zum Helden, der den Schweizern ihre Freiheit zurückgebracht hat. Um die sittliche Dimension seiner Mordtat noch einmal aufzuzeigen, lässt Schiller den Königsmörder Parricida im Hause Tells Zuflucht suchen. Die Szene demonstriert die Unvergleichbarkeit der beiden Taten: Parricida hat aus niedrigen Motiven, aus Neid und Eifersucht, einen feigen und hinterhältigen Mord begangen und damit große Schuld auf sich geladen, von der er nur durch den Papst Absolution erhalten kann. Tell aber ist ein Mörder wider Willen, der aus hehren Motiven gehandelt hat und sich deshalb nicht schuldig fühlt:

Er distanziert sich klar von Parricida

> „Zum Himmel heb ich meine reinen Hände,
> Verfluche dich und deine Tat – Gerächt
> Hab ich die heilige Natur, die d u
> Geschändet – Nichts teil ich mit dir – Gemordet
> Hast d u, i c h hab mein teuerstes verteidigt."
> (V. 3181–3185)

In einem Brief an Iffland vom 5. Dezember 1803 schreibt Schiller selbst, dass Tells Mord an Geßler seine Privatsache sei. Um zu vermeiden, dass der Mord ausschließlich als Folge einer Privatfehde interpretiert wird, rückt die Parricida-Szene die Tellfigur in eine übergeordnete Dimension. Tell verkörpert die Einheit von Natur und Person auf einer elementaren Ebene und wird zu einer legendenhaften Figur. Deshalb bezeichnet ihn Rüdiger Safranski als „Tyrannenmörder in der [...] Tradition eines Brutus" und als „Heilige[n] Georg, der den Drachen besiegt". Er erscheint als „edler Wilder, der unbeabsichtigt zum konservativen Revolutionär wird" (Safranski, 2004, S. 504).

Die Tiefendimension dieses schicksalhaften Heldentums ist irritierend, und so wurde und wird die Figur des Tell oft unterschiedlich interpretiert. Sie wurde sogar von radikalen politischen Gruppierungen instrumentalisiert, um damit Terror zu rechtfertigen. Das ändert aber nichts an der Tatsache, dass Schiller in der Figur des Tell ein Heldenideal auf die Bühne gebracht hat. Das schließt ein, dass über dieses Heldenideal aus heutiger Sicht durchaus kontrovers diskutiert werden kann.

Schillers Drama als Spiegel der klassischen Welt- und Kunstanschauung

KURZINFO

Ein Werk mit moralischem Erziehungsauftrag
- Das Drama *Wilhelm Tell* ist literarhistorisch in die Epoche der deutschen Klassik einzuordnen.
- Die Thematik ist geprägt von der Philosophie des deutschen Idealismus, insbesondere von den Werken des Philosophen Immanuel Kant.
- Das Theater wird als moralische Anstalt betrachtet und dient der sittlichen Erziehung des Menschen.

Das Drama als Werk der Klassik

Wilhelm Tell ist das letzte der von Schiller fertiggestellten klassischen Dramen. Gleichzeitig entstanden ist *Die Braut von Messina*, vorausgegangen sind die *Wallenstein*-Trilogie, *Maria Stuart* und *Die Jungfrau von Orleans*. All diese Dramen sind Zeugnisse der klassischen Welt- und Kunstanschauung. Sie sind geprägt von der Philosophie des deutschen Idealismus, insbesondere durch den Einfluss Kants. Dies ist schon in Schillers Abhandlung *Die Schaubühne als moralische Anstalt betrachtet* anschaulich belegt. Zweck des Theaters ist demnach die sittliche Erziehung der Zuschauer.

Tyrannenmord dient der Wiederherstellung der sittlichen Weltordnung

Im Drama *Wilhelm Tell* verkörpern der Titelheld und sein Gegenspieler die Welt des Guten und des Bösen, die Kräfte, die nach klassischer Weltsicht stets in der Welt existieren. Dabei ist Tell nicht von vornherein die heldische Gegenfigur zu Geßler. Er gerät eher schicksalhaft in die Rolle des Helden. Das Schicksal, das die Eidgenossen ertragen müssen, resultiert nicht aus den unglücklichen politischen Umständen, sondern aus dem schändlichen Triumph des Bösen, verkörpert im Landvogt Geßler. Der Kampf gegen die Tyrannenherrschaft steht deshalb unter sittlichen Kategorien. Die Wiederherstellung des Rechts und die Wiedererrichtung der sittlichen Weltordnung erlaubt nicht nur den Mord an einem Tyrannen, sondern der Mord wird zu einer heiligen Pflicht (vgl. V. 2587–2590).

Tell und mit ihm die Eidgenossen sind nicht von Natur aus Revolutionäre, nur die schlimmen Greuel tyrannischer Herrschaft zwingen sie zum Aufstand und sind Voraussetzung für den Mord an Geßler. Die Mordtat ergibt sich aus dem Kantischen Prinzip „Du kannst, denn du sollst!" Die Tyrannenmacht findet damit ihre natürliche Grenze. Jede Macht, die göttliches und menschliches Recht mit Füßen tritt, beschwört sittliche Gegenkräfte herauf, die sie schließlich bezwingen.

Tell-Denkmal in Altdorf

Analyse und Interpretation

Der historische Hintergrund

Die Tell-Gestalt

Zeitgenössische schriftliche Quellen zu Tell fehlen

Wilhelm Tell ist der schweizerische Nationalheld und gilt als Vorkämpfer der Unabhängigkeit und Freiheit des Landes. Es gibt aber keine zeitgenössischen schriftlichen Quellen über ihn. Die älteste schriftliche Quelle zu Wilhelm Tell ist das *Weiße Buch von Sarnen* (so genannt wegen seines weißen Einbandes), verfasst von dem Landschreiber Hans Schriber zwischen 1470 und 1472. Hierin finden sich Urkunden und Erzählungen aus den Anfängen der Eidgenossenschaft. Am Schluss des Buches steht eine Chronik mit den Erzählungen von den Gewalttaten der Vögte, der Geschichte von Tell, der den Hut nicht grüßen wollte und zur Strafe einen Apfel vom Haupt seines Sohnes schießen musste, und dem Rütlischwur. 1734 erscheint der Tell-Stoff im Geschichtswerk *Chronicon Helveticum* des schweizerischen Gelehrten Ägidius Tschudi. Dort gehört Tell allerdings zur Schwurgemeinschaft auf dem Rütli. Im Gefolge der Französischen Revolution und unter dem Druck der Napoleonischen Besetzung des Landes wird er immer mehr zu einem mythischen Nationalhelden.

Unterschiedliche Datierung von Bundesbrief und Rütlischwur

Seit 1890 Gleichsetzung von Bundesbrief und Rütlischwur

Der Schweizer Bundesbrief stammt aus dem Jahre 1291. Er ist aber nicht die schriftliche Urkunde des Rütlischwures. Dieser wird nach der Tradition auf das Jahr 1307 datiert. Die gleiche Jahreszahl findet sich auch auf dem Tell-Denkmal in Altdorf, dem Hauptort des Kantons Uri. Erst 1890 beschloss das Schweizer Bundesparlament gegen den Widerstand der Urkantone, Rütlischwur und Bundesbrief gleichzusetzen. Als Gegenreaktion meißelten die Urner auf dem Tell-Denkmal die althergebrachte Jahreszahl 1307 ein.

Die Tellskapelle auf der sogenannten Tellsplatte, auf die Tell gesprungen sein soll, ist erst auf das Jahr 1516 datiert, eine zweite Datierung nennt das Jahr 1530. Eine Kapelle soll aber schon 1388 gebaut worden sein. 1388 ist das Jahr der letzten siegreichen Schlacht bei Näfels gegen die Habsburger im Schweizer Sonderbundskrieg, in dem die Kantone ihre Unabhängigkeit behaupteten. Seit dem

16. Jahrhundert wurde die Tellskapelle zu einem Wallfahrtsort. Die heutige zum Vierwaldstätter See hin offene Kapelle wurde im Jahre 1879 errichtet. In ihr befinden sich vier große Fresken, die den Apfelschuss, den Tellsprung, den Mord an Geßler und den Rütlischwur zeigen.

Die Existenz des Wilhelm Tell ist also historisch nicht gesichert. Ebenso wenig lässt sich aber auch wissenschaftlich belegen, dass er nicht gelebt hat. Tell bleibt demnach eine Sagengestalt, die mit der Zeit zu einem Mythos überhöht wurde. Seine gedankliche Wirkung bleibt über die Zeiten hinweg unbestritten. Dazu leistet auch Schillers Drama einen erheblichen Beitrag.

Geschichte der Eidgenossenschaft

Das Gebiet der Schweiz gehörte im Mittelalter zum Heiligen Römischen Reich Deutscher Nation. Zu diesem Reich gehörten zahlreiche Länder, Städte und Fürsten bzw. Herzogtümer, alle mit unterschiedlichen Stellungen und Abhängigkeiten. Der deutsche König, der oft vom Papst die Kaiserwürde erhielt, war oberster Lehnsherr, der Teile seines Landes als sogenannte Lehen an Lehnsmannen verlieh. Lehnsherr und Lehnsmann waren durch gegenseitigen Treueid gebunden. Der Lehnsherr war zum Schutz, der Lehnsmann zur Heeresfolge verpflichtet.

Schweiz ist im Mittelalter Teil des Heiligen Römischen Reiches Deutscher Nation

Im 13. Jahrhundert kristallisieren sich auf dem Gebiet der Schweiz drei Bündnissysteme von Städten und Talschaften heraus: der Bund der Städte Bern und Freiburg im burgundischen Raum, der Bund der Waldstätten Uri, Schwyz und Unterwalden sowie der Städtebund von Zürich und anderen Städten im Bodenseegebiet. Um die Mitte des Jahrhunderts waren die Waldstätten Schwyz und Uri direkt dem Kaiser unterstellt und somit „reichsunmittelbar". Dies bedeutete, dass ein einheimischer sogenannter Landammann an der Spitze eines genossenschaftlich organisierten Kantons stand. Als Rudolf von Habsburg nach dem deutschen Interregnum 1273 zum deutschen König gewählt wurde, änderte sich diese Staatsorganisation grundlegend. Er setzte in den Gebieten Reichsvögte als Verwalter ein.

Die Waldstätten sind direkt dem Kaiser unterstellt

Analyse und Interpretation

Bundesbrief von 1291 Gründungsurkunde der Eidgenossenschaft

1291 schlossen die Waldstätten Schwyz und Uri einen Bund, in dem sie sich zu gegenseitigem Beistand verpflichteten. Unterwalden trat kurze Zeit später dem Bund bei. Dieses Bündnis gilt heute als Gründungsvertrag der Schweiz. Schiller inszeniert es als Rütlischwur, der aber historisch nicht belegbar ist.

Vögte verletzen die Freiheitsrechte

Rudolfs Nachfolger Adolf von Nassau, also kein Habsburger, bestätigte diese Reichsunmittelbarkeit durch Freiheitsbriefe. Mit der Thronbesteigung Albrechts I. 1298, der wiederum ein Habsburger war, änderte sich erneut der Status der Waldstätten. Albrecht bestätigte die Freiheitsbriefe nicht und setzte noch brutalere Vögte ein. 1308 wurde Albrecht I. von seinem Neffen Johann von Schwaben ermordet. Heinrich VII., wiederum kein Habsburger, bestätigt die Freiheitsbriefe wieder. Die Waldstätten erweitern ab 1315 nach der Schlacht von Morgarten ihr Bündnissystem mit Luzern, Zürich, Glarus und Bern zum „Bund der acht Orte". Militärisch entscheidend war der Sieg von Sempach 1386 über die Habsburger.

Die Schweizer behaupten ihren Sonderstatus

Im Laufe des 15. Jahrhunderts entsteht so allmählich ein festes Staatensystem, die Eidgenossenschaft der Schweizer. Sie zeigt unterschiedliche Staatsstrukturen. Durch einen Sieg über Karl den Kühnen von Burgund bei Murten 1476 verstärken die Schweizer ihre unabhängige Position. Ihr Eingreifen in den großen Italienkrieg zwischen dem Haus Habsburg und dem französischen Haus Valois endet mit der Niederlage von Marignano 1516. Mit Frankreich wurde danach ein enges Bündnis und ewiger Friede geschlossen.

1648 scheidet die Schweiz aus dem Reichsverband aus

Die Entwicklung der Schweizer Eidgenossenschaft hat sich also im Rahmen des Heiligen Römischen Reiches Deutscher Nation vollzogen. Von den Königen oder Kaisern erhielten die Schweizer Privilegien, die ihnen einen Sonderstatus zusprachen. Die Reichsreformpläne des Wormser Reichstages von 1495 wollten die Schweizer nicht mittragen. Sie bestanden auf ihren alten Privilegien und schieden nach dem Schwabenkrieg von 1499 im Frieden von Basel faktisch aus dem Reichsverband aus. Völkerrechtlich scheidet die Schweiz erst im Westfälischen Frieden von 1648 aus dem Reichsverband aus.

Verfasser und Werk

Friedrich Schiller: Leben und Werk

Johann Christoph Friedrich Schiller wird am 10. November 1759 in Marbach am Neckar geboren. Seine Eltern sind der Offizier und Wundarzt Johann Caspar Schiller und seine Ehefrau Elisabeth Dorothea Schiller, geb. Kodweiß. Seine Kindheit verbringt der junge Friedrich in Lorch und in Ludwigsburg, wohin der Vater versetzt wird. Dort tritt er 1766 in die Lateinschule ein.

Von 1773 bis 1780 muss Schiller als Sohn eines Offiziers die Militärakademie Hohe Karlsschule in Stuttgart besuchen. Hier leidet er unter der strengen militärischen Disziplin. Er beginnt zunächst mit einem Studium der Rechtswissenschaften, wechselt aber schon 1775 zur Medizin. Obwohl die Beschäftigung mit schöngeistiger Literatur in der Akademie verboten ist, liest Schiller hier z. B. Werke von Shakespeare, Rousseau, Klopstock und Lessing und beginnt selbst zu schreiben. Schon 1776 erscheint sein erstes Gedicht „Der Abend", 1777 verfasst er die ersten Szenen seines Schauspiels *Die Räuber*. Schon in diesen Jahren zeichnet sich ab, dass seine Gesundheit sehr labil ist. Er ist häufig krank.

1779 reicht er seine lateinische Dissertation mit dem Titel „Philosophie der Physiologie" ein. Sie wird aber nicht angenommen, und er muss deshalb eine neue Arbeit einreichen. 1780 arbeitet er weiter an seinem Theaterstück und an seiner Dissertation, die im Dezember 1780 gedruckt wird. Ihr Titel lautet: „Über den Zusammenhang der tierischen Natur des Menschen mit seiner geistigen".

Nach seiner Entlassung aus der Militärakademie wird Schiller als Regimentsarzt in Stuttgart eingestellt. Er widmet sich aber weiter intensiv der Dichtkunst. Seine geringe Besoldung ermöglicht ihm nur eine bescheidene Lebensführung, sein Gesuch, seine Besoldung durch eine Behandlung von Zivilisten aufzubessern, wird vom Herzog abgelehnt.

1781 wird das Drama *Die Räuber* anonym im Selbstverlag veröffentlicht. Auf Drängen des Intendanten Karl Theodor von Dalberg erarbeitet Schiller dann eine Bühnenfassung, die 1782 am Mannheimer Hof- und Nationaltheater mit überwältigendem Erfolg uraufgeführt wird. Schiller hat sich für diese Aufführung unerlaubt nach Mannheim begeben. Er unternimmt 1782 eine zweite heimliche Reise nach Mannheim und wird deshalb zu vierzehn Tagen Haft verurteilt. Der Herzog von Württemberg verbietet ihm darüber hinaus jede schriftstellerische Tätigkeit.

Im September 1782 flieht deshalb Schiller zusammen mit seinem Freund, dem Musiker Andreas Streicher, aus der Stuttgarter Garnison. Inkognito beziehen sie ein Zimmer in einem Gasthof in Oggersheim. Da Schiller als fahnenflüchtig gilt, droht ihm eine Auslieferung nach Stuttgart. Auf Vermittlung seines Studienfreundes Wilhelm von Wolzogen findet er bei dessen Mutter Henriette im Dezember 1782 auf ihrem Gut in Bauerbach (Thüringen) für ein halbes Jahr Aufnahme. Dort verfasst Schiller das bürgerliche Trauerspiel *Luise Miller*, das später auf Veranlassung des Mannheimer Schauspielers Iffland den Titel *Kabale und Liebe* führt. Er arbeitet weiter an seinem Schauspiel *Don Carlos* und verliebt sich unsterblich in Charlotte von Wolzogen, die Tochter seiner Mäzenin Henriette.

Im Juli 1783 reist Schiller überstürzt nach Mannheim, wo er mit dem Intendanten Wolfgang Heribert Tobias Dalberg Kontakt aufnimmt. Dieser stellt ihn für ein Jahr als Theaterdichter ein. Sein Vertrag wird aber nicht verlängert, Schiller erkrankt erneut und gerät deshalb in eine finanzielle Notlage. Aus dieser Lage rettet ihn sein späterer Freund und Gönner Gottfried Körner, der ihn als Gast bei sich aufnimmt.

1785–1787 lebt Schiller deshalb in Leipzig und Dresden. In diesen Jahren verfasst er das Drama *Don Carlos* und die Ode „An die Freude", die Beethoven später im Schlusschor seiner 9. Sinfonie vertont hat. Außerdem veröffentlicht er in der Zeitschrift *Thalia* eine Erzählung mit dem Titel „Verbrecher aus Infamie", die später unter dem Titel *Der Verbrecher aus verlorener Ehre* erscheint.

1788 hält Schiller sich kurz in Weimar auf. Er wird Mitarbeiter an der der Zeitschrift *Der teutsche Merkur*, die von dem Dichter Martin Wieland herausgegeben wird. Um seine finanzielle Lage aufzubessern, widmet Schiller sich jetzt historischen Studien. Er verfasst die *Geschichte des Abfalls der Niederlande von der spanischen Regierung*. Es kommt auch zu einer ersten Begegnung mit Goethe, ohne dass die beiden aber nähere Beziehungen eingehen.

1789 erhält Schiller eine zunächst unbezahlte Professur für Geschichte an der Universität Jena. Seine berühmt gewordene Antrittsvorlesung trägt den Titel „Was heißt und zu welchem Ende studiert man Universalgeschichte?" Während der Jenaer Zeit lernt er auch die Familie Lengenfeld in Rudolfstadt kennen, die er anschließend fast täglich besucht. Er verliebt sich in Charlotte, die jüngere der beiden Lengenfeld-Töchter. 1789 verlobt er sich mit Charlotte, 1790 findet die Hochzeit statt. Aus dieser Ehe gehen vier Kinder hervor. Schiller kann jetzt eine Familie ernähren, weil ihm der Herzog von Weimar ab Februar 1790 ein angemessenes Jahresgehalt zahlt. Schiller widmet sich weiter historischen Studien und verfasst eine *Geschichte des Dreißigjährigen Krieges*.

1791 erkrankt er erneut schwer, vermutlich an einer Tuberkulose, von der er sich zeitlebens nicht mehr erholt. Er fährt deshalb zur Kur nach Karlsbad. Aus seiner gesundheitlichen und finanziellen Notlage hilft ihm schließlich Herzog Friedrich Christian von Augustenburg mit der Zahlung einer dreijährigen Pension. Auf die Ausübung eines Berufes, um eine gesichertes Auskommen zu haben, war er deshalb in diesen Jahren nicht mehr angewiesen. Schiller beschäftigt sich jetzt intensiv mit der Philosophie des deutschen Idealismus, insbesondere mit Kant.

1793/94 verfasst er seine berühmt gewordenen philosophischen Abhandlungen *Über Anmut und Würde*, *Über das Erhabene* und *Über naive und sentimentalische Dichtung*. Letztere ist Ergebnis seiner Beschäftigung mit Shakespeare. Diese Schriften gelten als geistesgeschichtliche Höhepunkte der deutschen Klassik. Zur gleichen Zeit unternimmt Schiller auch eine längere Reise in seine schwäbische Heimat. Nach seiner Rückkehr nach Jena besucht er Goethe in Weimar und gewinnt ihn zur Mitarbeit an seiner literarischen Zeitschrift *Die Horen*. Mit dem Jahr 1794 beginnt dann die enge Freundschaft und künstlerische Zusammenarbeit, die auch in einem regen Briefwechsel ihren Ausdruck findet und bis zu Schillers Tod andauert. Diese Jahre gelten als Gipfel der Klassik als literarischer Epoche in Deutschland. 1795 lehnt Schiller eine Berufung zu einer Professur in Tübingen ab. 1796 erscheinen in den *Horen* die aus der gemeinsamen Arbeit mit Goethe hervorgegangenen *Xenien*.

1797 geht als Balladenjahr in die deutsche Literaturgeschichte ein. Es entstehen z. B. „Der Taucher", „Der Handschuh", „Die Kraniche des Ibykus". Sie werden 1798 alle im sogenannten „Musenalmanach" veröffentlicht. Neben seiner lyrischen Dichtung arbeitet Schiller in diesen Jahren an seiner *Wallenstein*-Trilogie, die er formal in den fünfhebigen Jambus, den sogenannten Blankvers, umdichtet und 1799 beendet. Im Dezember 1799 siedelt die Familie Schiller nach Weimar um. Schiller arbeitet intensiv und immer von Krankheit und starken Schmerzen geplagt an weiteren Dramen: 1800 erscheint *Maria Stuart*, 1801 *Die Jungfrau von Orleans*.

1802 wird Schiller geadelt. Er darf sich nun Friedrich von Schiller nennen. Erst jetzt beginnt er mit der Arbeit an *Wilhelm Tell*, gleichzeitig verfasst er *Die Braut von Messina*. 1804 ist die Arbeit an *Wilhelm Tell* beendet. Es ist Schillers letztes fertiggestelltes Drama und wird im gleichen Jahr in Weimar uraufgeführt. Ein Drama mit dem Titel *Demetrius* bleibt unvollendet.

1805 wirft ihn ein Fieberanfall, von dem er sich nicht mehr erholt, erneut aufs Krankenlager. Schiller stirbt am 9. Mai 1805. Die Obduktion seiner Leiche ergab, dass der linke Lungenflügel völlig zerstört war. Schiller muss also viele seiner Werke unter starken Schmerzen verfasst haben. Er wird zunächst auf dem Jacobsfriedhof in Weimar beigesetzt. 1827 werden seine sterblichen Überreste in die Weimarer Fürstengruft überführt, wo auch später auf eigenen Wunsch Goethe neben Schiller bestattet wird.

Entstehung des Dramas *Wilhelm Tell*

Schiller ist durch seine Frau Charlotte und durch Goethe auf den Stoff aufmerksam geworden. Charlotte hatte die *Geschichte der Schweizerischen Eidgenossenschaft* des Johannes von Müller gelesen. Goethe lernt den Tell-Stoff auf einer Schweizer Reise 1797 kennen und schreibt darüber am 14. Oktober an Schiller, er sei „fast überzeugt, daß die Fabel von Tell sich werde episch behandeln lassen, und es würde dabei, wenn es mir, wie ich vorhabe, gelingt, der sonderbare Fall eintreten, daß das Märchen durch die Poesie erst zu seiner vollkommenen Wahrheit gelangte" (zit. nach: Safranski, 2004, S. 491). Goethe wollte also zunächst selbst, und zwar in epischer Form, den Tell-Stoff bearbeiten. Schiller antwortet am 20. Oktober 1797: „Die Idee von dem Wilhelm Tell ist sehr glücklich […]. Zugleich öffnet sich aus diesem schönen Stoffe wieder ein Blick in eine gewisse Weite des Menschengeschlechts, wie zwischen hohen Bergen eine Durchsicht in freie Ferne auftut." (Zit. nach: ebd., S. 492) Zwischen Herbst 1801 und Frühjahr 1802 fällt dann die Entscheidung, dass Schiller sich mit dem Stoff beschäftigen solle. Für die Vorarbeiten unterbricht er seine Arbeit am Schauspiel *Die Braut von Messina* und erwägt sogar, eine Reise in die Schweiz zu den Originalschauplätzen anzutreten. Als Hauptquelle für seine Titelfigur und das Drama liest Schiller 1802 das *Chronicon Helveticum* des Glarner Historikers Ägidius Tschudi von 1734. Hier findet er folgende historischen Fakten: den Volksaufstand der Eidgenossen gegen die Habsburger, Tells Selbsthilfeaktion, die Tötung des Vogts Wolfenschießen, die Blendung Mechthals, die Figur des Parricida.

> Goethe wollte den Tell-Stoff anfänglich selbst bearbeiten

> 1802 entscheidet sich Schiller für die Arbeit am Tell-Stoff

Zeitgeschichtlicher Rahmen

Schillers Arbeit am Tell-Stoff fällt in die Zeit der Koalitionskriege im Gefolge der Französischen Revolution. Deutschland war in dieser Zeit noch vom Absolutismus geprägt. Die deutschen Fürsten sahen im französischen König Ludwig XIV. immer noch ihr großes Vorbild. Auch Württemberg und Sachsen-Weimar, wo Schiller sein Leben verbrachte, waren absolutistisch regierte Herzogtümer.

Analyse und Interpretation

Französische Revolution und Napoleonische Vorherrschaft als historischer Hintergrund	Die Franzosen schafften 1789 die feudalen Rechte ab und verkündeten die Menschen- und Bürgerrechte. Die Erklärung dieser Rechte vom 26. August 1789 berief sich auf das Naturrecht: Der Mensch ist frei und gleich geboren. In 17 Artikeln wurden die individuellen Freiheitsrechte proklamiert: die Meinungs- und Gewissensfreiheit, die Freiheit des Eigentumserwerbs, die Volkssouveränität, die Gewaltenteilung und das Recht auf Widerstand gegen eine ungerechte Staatsgewalt. Dies bedeutete das Ende für die absolutistische Herrschaftsform. Der französische König musste einen Eid auf die Verfassung ablegen. Nach einem vergeblichen Fluchtversuch wurde er mit seiner Familie im Staatsgefängnis Temple inhaftiert. 1793 wurde die Monarchie ganz abgeschafft, Ludwig XVI. und seine Frau Marie Antoinette wurden mit der Guillotine hingerichtet. Nach der darauf folgenden Schreckensherrschaft erfolgte der Aufstieg Napoleon Bonapartes, der sich schließlich 1804 selbst zum Kaiser der Franzosen krönte.
Neuordnung Deutschlands	Auf dem Boden des Heiligen Römischen Reiches Deutscher Nation existierten Ende des 19. Jahrhunderts zwei Großstaaten, Preußen und Österreich, sowie eine Fülle von Kleinstaaten. Die deutschen Fürstenhäuser fürchteten ein Übergreifen der revolutionären Bewegung, die Franzosen wollten ihre Freiheitsrechte verteidigen und ihre revolutionären Errungenschaften über ihre Landesgrenzen hinaus verbreiten. Infolgedessen kam es zu drei Koalitionskriegen, an denen die europäischen Großmächte Russland und England sowie Preußen und Österreich mit mehreren unterschiedlichen Bündnissen beteiligt waren.

Als Ergebnis dieser Kriege veränderte sich die europäische Landkarte radikal. Im Zuge der Napoleonischen Eroberungsfeldzüge verschwand z. B. Polen ganz von der politischen Landkarte und wurde insgesamt dreimal unter Preußen, Österreich und Russland aufgeteilt. Die politische Ordnung in Deutschland wurde durch den sogenannten Reichsdeputationshauptschluss von 1803 im Sinne der Napoleonischen Vorherrschaft geregelt: Das linke Rheinufer wurde an Frankreich abgetreten, die Kleinstaaterei beseitigt. Auf dem Boden des deutschen

Reiches wurden mittelgroße Staaten errichtet, die im sogenannten Rheinbund zusammengeschlossen und von Napoleon abhängig waren. Der letzte Kaiser des Heiligen Römischen Reiches Deutscher Nation, Franz II., wurde zur Abdankung gezwungen und nannte sich ab jetzt nur noch Franz I. von Österreich.

Wirkungsgeschichte

Das Urteil über Schillers Drama *Wilhelm Tell* ist seit seiner Erstveröffentlichung vielen Schwankungen unterworfen. Die Uraufführung in Weimar, inszeniert von Goethe, war ein durchschlagender Erfolg. Kritisiert wurde lediglich die übergroße Länge des Dramas. Die Aufführung wurde dreimal wiederholt.

Während der Napoleonischen Kriege und der Befreiungskriege wurde Schillers Titelfigur zum Symbol des deutschen Widerstandes. In den besetzten Gebieten war die Aufführung des Dramas verboten. Schiller avancierte im Laufe des 19. Jahrhunderts immer mehr zum vaterländischen Dichter. Der Freiheitsbegriff wurde im nationalen Sinn uminterpretiert, der schweizerische Nationalheld zu einer Symbolfigur für die nationale Einheit und Freiheit.

Tell Symbolfigur für nationale Einheit und Freiheit

Bismarck konnte sich mit der heroischen Mordtat Tells nicht anfreunden. Für ihn war er ein Meuchelmörder. Auch die Idee einer revolutionären Umgestaltung des Staatswesens ohne Einbeziehung des Adels war für ihn inakzeptabel. Während der Weimarer Republik, insbesondere zu der Zeit des Ruhrkampfes 1923, wurde *Wilhelm Tell* im Sinne des nationalen Protestes inszeniert.

Bismarck sah in Tell einen Meuchelmörder

Die Nationalsozialisten sahen anfänglich in der Tell-Handlung ein Abbild ihrer sogenannten nationalen Erhebung. Aber nach einiger Zeit zeigte sich, dass Schillers Eintreten für Freiheit und Menschenwürde mit der nationalsozialistischen Ideologie nicht vereinbar war. Deshalb erließ Adolf Hitler 1941 ein Aufführungsverbot, und das Drama wurde aus den Lehrplänen entfernt.

Analyse und Interpretation

Die Heldenfigur des Tell wurde vielfältig instrumentalisiert

Nach dem Zweiten Weltkrieg gab es in den beiden deutschen Teilstaaten wiederum unterschiedliche Sichtweisen. In der DDR wurde die Tellfigur als Träger eines allgemeinen Volkswillens und damit als Wegbereiter der sozialistischen Revolution interpretiert. In der BRD wurde Tell, insbesondere in den turbulenten 60er- und 70er-Jahren, für außerparlamentarische revolutionäre Bewegungen, wie z. B. die RAF, instrumentalisiert. Max Frisch setzte sich in seiner 1971 erstveröffentlichten Schrift *Wilhelm Tell für die Schule* ironisch mit den Vereinnahmungsversuchen von Schillers Drama auseinander.

Geßler und Tell. Grafik des Schweizer Malers Ernst Stückelberg von 1880.

3 Schnellcheck

Übersicht 1: Gegenüberstellung der Gemeinsamkeiten und Unterschiede zwischen klassischem Regeldrama und Schillers *Wilhelm Tell*

Übersicht 2: Zentrale Themen in *Wilhelm Tell*

Übersicht 3: Die Hauptpersonen – Kurzcharakteristik und Rollenbeschreibung

Übersicht 4: Der Aufbau des Dramas

Übersicht 5: Die Personenkonstellation

Übersicht 6: Vergleich zwischen der geschichtlichen Überlieferung und Schillers Drama

Übersicht 1: Gegenüberstellung der Gemeinsamkeiten zwischen klassischem Regeldrama und Schillers *Wilhelm Tell*

Klassisches Drama	*Wilhelm Tell*
Drei-Einheiten-Regel • Einheit der Zeit: ein Tag • Einheit des Ortes: ein Schauplatz • Einheit der Handlung: eine einzige Handlung	**Abweichungen von der Regel** • Handlung erstreckt sich über mehrere Monate. • Es gibt häufige Schauplatzwechsel. • Es sind mehrere Handlungsstränge vorhanden: • Zwei parallele Haupthandlungen – Kampf der Eidgenossen gegen die Tyrannei der Vögte – Konflikt Geßler/Tell • Zwei Nebenhandlungen – Auseinandersetzung Bertha/Rudenz – Auseinandersetzung Tell/Parricida
5-Akte-Schema 1. Aufzug: Exposition 2. Aufzug: Steigerung des Konflikts 3. Aufzug: Höhe- und Wendepunkt 4. Aufzug: Verzögerung / retardierendes Moment 5. Aufzug: Lösung des Konfliktes / Katastrophe	**Einhaltung des klassischen Schemas** 1. Aufzug: Einführung in Zeit, Ort und Konflikt an einem Beispiel 2. Aufzug: Steigerung des Konfliktes (Rütlischwur) 3. Aufzug: Höhe- und Wendepunkt (Apfelschuss) 4. Aufzug: Verzögerung der Handlung (Tod Attinghausens, Selbstbefreiung Tells und Geßlermord) 5. Aufzug: Lösung des Konflikts (Vertreibung der Vögte und Erringung der Freiheit)
Personen Personen aus der Oberschicht als Träger der Handlung	Freie Bauern als Träger der Handlung; auch Unfreie werden in die Eidgenossenschaft aufgenommen.
Sprache Stilisierte Kunstsprache als formale Entsprechung der dargestellten Ideen Versformen: • Alexandriner (sechshebiger Jambus) • Blankvers (fünfhebiger Jambus)	Blankvers ist durchgängig eingehalten, manchmal auch in Form von Halbzeilen; liedhafte Einschübe; häufige Sentenzen und sprichwörtliche Redensarten; durchweg gehobener Sprachduktus.

Übersicht 2: Zentrale Themen in *Wilhelm Tell*

Schnellcheck

Übersicht 3: Die Hauptpersonen – Kurzcharakteristik und Rollenbeschreibung

Person	Kurzcharakteristik	Rolle im Drama
Wilhelm Tell	• Mutiger, hilfsbereiter Tatmensch; • Schutz von Heimat und Familie hat oberste Priorität; • kein Interesse an Politik; • keine Teilnahme an der Rütli-Versammlung	• Durch seinen Edelmut macht er sich Geßler zum Feind; • durch den Apfelschuss wird er in den Aufstand einbezogen; • sein Mord an Geßler ist das Signal zum Aufstand.
Werner Stauffacher	• Wohlhabender freier Landmann mit großem Landbesitz; • hohes politisches Interesse und Engagement, gefördert durch seine Ehefrau Gertrud	• Hauptorganisator des Aufstandes und politischer Wortführer auf dem Rütli; • liefert die Legitimation für den Aufstand
Walther Fürst	• Schwiegervater Tells und Freund Stauffachers; • steht in hohem Ansehen und genießt das Vertrauen des Volkes	• Plädiert grundsätzlich für Mäßigung, Augenmaß und Zurückhaltung; • möchte Gewalt als Mittel verhindern; • vertraut auf ein Einlenken der Vögte und die Nachsicht des Kaisers
Arnold vom Melchthal	• Jugendlicher Draufgänger, geprägt von Rachsucht wegen der Verhaftung und Blendung seines Vaters	• Lässt sich von Stauffacher und Walther Fürst zu überlegtem gemeinsamen Vorgehen bewegen

Ulrich von Rudenz	• Neffe und Erbe des Freiherrn von Attinghausen; • lehnt die traditionellen Wertvorstellungen seines Onkels ab; • aus Liebe zu Bertha und aus Karrieregründen ergreift er die Partei der Habsburger.	• Findet durch Bertha wieder zu sich selbst und wandelt sich zum engagierten Freiheitskämpfer
Herrmann Geßler	• Unbarmherziger, gnadenloser Tyrann, geprägt von Machtgier, Feigheit und Neid; • sein Verhalten zeigt eine Neigung zu Sadismus.	• Der Befehl zum Apfelschuss und die Verhaftung Tells verschärfen den Konflikt; • seine Ermordung wird das Signal zum Aufstand.
Gertrud Stauffacher	• Kluge und politisch gebildete Frau; • will die Freiheit auch mit Gewalt verteidigen; • ist bereit, dafür auch ihr eigenes Leben zu opfern	• Eigentliche Initiatorin des Aufstandes; • bewegt ihren Mann zum Handeln
Bertha von Bruneck	• Österreichische Adlige mit Landbesitz in der Schweiz; • solidarisiert sich mit den Freiheitskämpfern; • fühlt sich als Opfer der habsburgischen Heiratspolitik	• Erreicht bei Rudenz einen Gesinnungswandel; • verzichtet auf ihren Adelstitel und lebt zukünftig als freie Bürgerin
Hedwig	• Treu sorgende Ehefrau und Mutter; • warnt ihren Mann vergeblich; • kann Tell den Apfelschuss nicht verzeihen; • nach dem Geßlermord begegnet sie ihrem Mann mit einer gewissen Scheu.	• Lebt in den traditionellen Wertvorstellungen von Heimat und Familie und verkörpert diese

Schnellcheck

Übersicht 4: Der Aufbau des Dramas

Dritter Aufzug
Höhe- und Wendepunkt:
- Apfelschuss
- Mordplan
- Rudenz' Parteiwechsel

Zweiter Aufzug
Zuspitzung des Konflikts:
- Streitgespräch Rudenz/ Attinghausen
- Rütlischwur
- Aufstandsplanung

Vierter Aufzug
Retardierendes Moment:
- Tells Gefangenschaft
- Tells Flucht
- Ermordung Geßlers als Signal zum Aufstand

Erster Aufzug
Exposition:
- Einführung der zentralen Figuren Tell, Eidgenossen, Geßler
- Ort und Zeit: Spätmittelalter
- Anbahnung eines Konfliktes zwischen Vögten und Eidgenossen

Fünfter Aufzug
Konfliktlösung:
- Vertreibung der Vögte
- Wiederherstellung der Freiheitsrechte

Übersicht 5: Die Personenkonstellation

| Spieler | und | Gegenspieler |

DIE EIDGENOSSEN

(Stauffacher, Fürst, Melchthal, Rudenz)
Verteidiger der traditionellen Ordnung und Eigenständigkeit

DIE LANDVÖGTE

(Geßler, Wolfenschießen, Landenberg)
Tyrannische Unterdrücker der Freiheitsrechte

WILHELM TELL

Fühlt sich nach dem Apfelschuss verpflichtet, Geßler zu töten

HERRMANN GESSLER

Will durch den Zwang zum Apfelschuss an Tell ein Exempel statuieren, um jeden Widerstand zu brechen

FREIHERR VON ATTINGHAUSEN

Repräsentant des alten Adels und der traditionellen patriarchalischen Ordnung

ULRICH VON RUDENZ

Vertreter der modernen Zeit
Ziel: Reichtum und Karriere durch Anpassung

WILHELM TELL

Verübt einen moralisch gerechtfertigten Tyrannenmord zum Schutz von Heimat und Familie

PARRICIDA

Verübt einen heimtückischen Königsmord aus niederen Beweggründen

BERTHA VON BRUNECK

Solidarisiert sich als österreichische Adlige mit den Aufständischen, verzichtet am Ende auf ihren Adelstitel

HERRMANN GESSLER

Sieht Bertha als eine Schachfigur der habsburgischen Heiratspolitik

Schnellcheck

Übersicht 6: Vergleich zwischen der geschichtlichen Überlieferung und Schillers Drama

Historische Fakten	Schillers Drama
1. Die Schweiz ist im Mittelalter Teil des Heiligen Römischen Reiches Deutscher Nation.	1. Schiller hält sich im Wesentlichen an die historischen Vorgaben.
2. Im 13. Jahrhundert ist der Bund der drei Waldstätten (Urkantone) Schwyz, Uri und Unterwalden als reichsunmittelbares Herrschaftsgebiet direkt dem König oder Kaiser unterstellt; Reichsvögte fungieren als Verwalter.	2. Er komprimiert die Handlung aber auf wenige Wochen des Jahres 1307 und konzipiert zwei Konfliktebenen: den Konflikt Eidgenossen/Landvögte und den Konflikt Tell/Geßler.
3. Die Tell-Gestalt ist nur durch Erzählungen aus dem sogenannten *Weißen Buch von Sarnen* (verfasst zwischen 1470 und 1472) des Landschreibers Hans Schriber belegt. Das Buch enthält im ersten Teil Abschriften von wichtigen Verträgen und Bündnissen; am Schluss findet sich eine Chronik mit Erzählungen. Der Rütlischwur und die Tellsgeschichte erscheinen in dieser Chronik zum ersten Mal.	3. Die Figur des Tell wird zu einer fast mythischen Heldengestalt stilisiert. Das historische Geschehen ist personalisiert und folgt den Regeln des klassischen Dramas.
4. Der Bundesbrief von 1291 gilt als Gründungsurkunde der Eidgenossenschaft.	4. Schiller idealisiert das historische Geschehen: Die Rütli-Versammlung wird zum Musterbeispiel für die direkte Demokratie.

5. Der Rütlischwur wird von den Schweizern auf das Jahr 1307 datiert.	**5.** Ziel des Aufstandes der Eidgenossen ist die Wiederherstellung der alten Ordnung und der traditionellen Freiheitsrechte.
6. König Albrecht I. verweigert 1298 die Bestätigung der Freiheitsrechte. 1308 wird Albrecht I. von seinem Neffen Johann von Schwaben ermordet. Sein Nachfolger Heinrich VII. bestätigt die Freiheitsrechte wieder.	**6.** Schiller fügt der Handlung seines Dramas die Begegnung zwischen Tell und (der historisch verbürgten Gestalt des) Parricida hinzu zur nochmaligen Legitimation des Tyrannenmordes.

Weitere historische Entwicklung:
Die Schweizer erkämpfen in mehreren Kriegen gegen die Habsburger und das Haus Burgund im 14. und 15. Jahrhundert ihre Unabhängigkeit.

Im Frieden von Basel 1499 scheidet die Schweiz faktisch, im Westfälischen Frieden von 1648 völkerrechtlich aus dem Heiligen Römischen Reich aus.

4 Prüfungsaufgaben und Lösungen

1. Die Rolle Tells im Freiheitskampf der Schweizer

2. Entstehung, Verlauf und Funktion der Rütli-Versammlung

3. Die Apfelschuss-Szene (III,3)

4. Die Frauengestalten

5. Vergleich der Szenen I,1 und V,2

Prüfungsaufgaben und Lösungen

1. Die Rolle Tells im Freiheitskampf der Eidgenossen

Aufgabenstellung

1.1 Charakterisiere die Person Tells und beschreibe seine anfängliche Einstellung zum geplanten Aufstand.
1.2 Erkläre, wie Tell in den Befreiungskampf einbezogen wird, und erläutere insbesondere seine Motive.
1.3 Nimm Stellung zu der Frage, ob Tell als revolutionärer Held gelten kann.

Lösungsvorschlag

Zu 1.1
Tells Charakter
- Tell lebt als Wildjäger mit seiner Frau Hedwig und zwei Söhnen in Bürglen am Vierwaldstätter See.
- Er gilt als meisterlicher Jäger und geschickter Schütze und ist deshalb im ganzen Land bekannt.
- Sein hohes Ansehen gründet sich aber auch auf seine charakterlichen Vorzüge: Er ist ein Mann der Tat, mutig, von schneller Entschlusskraft und stets bereit, Menschen in Not zu helfen.
- Dies beweist er schon in der ersten Szene, als er ohne zu zögern trotz eines Gewittersturms Baumgarten ans andere Ufer des Vierwaldstätter Sees rudert und ihn so in letzter Minute vor seinen Verfolgern rettet.
- Der Fischer Ruodi, der aus Verantwortung gegenüber seiner Familie die Überfahrt verweigert hat, bestätigt Tells Ausnahmeerscheinung, als er anerkennend feststellt: „Es giebt nicht zwei, wie der ist, im Gebirge." (V. 164)
- Tell geht keiner Gefahr aus dem Weg, scheut kein Risiko, wenn Hilfe nötig ist, setzt sogar sein eigenes Leben aufs Spiel und vertraut dabei blind auf Gottes Beistand, weil er stets so handelt, wie es ihm sein Gewissen vorschreibt.
- Bevor er zu der lebensgefährlichen Überfahrt ins Boot steigt, beauftragt er den Hirten Werni, seiner Frau auszurichten, dass er nicht anders habe handeln können: „Ich hab getan, was ich nicht lassen konnte." (V. 160)
- Trotz seines Einsatzes für andere bleibt er aber ein Einzelgänger. Intensive soziale Kontakte außerhalb seiner Familie pflegt er nicht.
- Fremde Hilfe glaubt er nicht zu brauchen. Er verlässt sich ausschließlich auf seine eigene Kraft und Stärke: „Der Starke ist am mächtigsten a l l e i n." (V. 437)

Tells Einstellung zum Aufstand

- Tell ist im Grunde ein apolitischer Mensch. Als Tatmensch taugt er nicht zum Politiker und hält sich deshalb aus allen politischen Diskussionen heraus.
- Langes Abwägen, das Prüfen von Argumenten und Gegenargumenten vor einer Entscheidung sind seine Sache nicht.
- Die Aufforderung Stauffachers, sich an der Vorbereitung des Aufstandes zu beteiligen, lehnt er deshalb rundweg ab, erklärt sich aber zur Hilfe bereit, wenn er gerufen werde: „Doch was ihr tut, lasst mich aus eurem Rat, / Ich kann nicht lange prüfen oder wählen, / Bedürft ihr meiner zur bestimmten Tat, / Dann ruft den Tell, es soll an mir nicht fehlen." (V. 442–445)
- Aus diesem Grund war er auf dem Rütli nicht anwesend, wie er seiner Frau gegenüber beteuert, die schon befürchtet hatte, man werde ihn beim Kampf in die erste Reihe stellen.
- Tell vertraut blauäugig darauf, dass sich die Tyrannenherrschaft von selbst erledigt, und rät zu Geduld und Abwarten: „Die Schlange sticht nicht ungereizt. / Sie werden endlich doch von selbst ermüden, / Wenn sie die Lande ruhig bleiben sehn." (V. 429–431)
- Die Brisanz der politisch-gesellschaftlichen Lage in Uri schätzt Tell völlig falsch ein. Deshalb schenkt er den Warnungen seiner Frau vor einer Begegnung mit Geßler kein Gehör.
- Er vertraut auf seine Rechtschaffenheit, die ihn schütze.
- Auch die Furcht Hedwigs vor Geßlers Rache teilt er nicht. Er glaubt im Gegenteil, dass dieser ihm zum Dank verpflichtet sei, weil er sein Leben einmal geschont hat. Hier zeigt sich bei Tell eine gewisse Naivität und fehlende Menschenkenntnis.

Zu 1.2
Tells Motive

- Durch die Apfelschuss-Szene wird Tell zwangsläufig in den Befreiungskampf einbezogen.
- Er verweigert dem Geßlerhut den befohlenen Gruß, geht achtlos vorüber, ist sich aber der Tragweite seines Verhaltens nicht bewusst und wird so von seiner Verhaftung völlig überrascht.
- Er gibt sich dem naiven Gauben hin, mit einer Entschuldigung für seine Unachtsamkeit davonzukommen, und muss erleben, dass er sich gründlich getäuscht hat. Er wird sozusagen von der politischen Realität eingeholt.
- Er muss leidvoll erfahren, wie sein Welt- und Menschenbild aus den Angeln gehoben wird.
- In Geßler tritt ihm plötzlich die Verkörperung des Bösen in der Welt entgegen. Eine solche Brutalität und einen solchen Sadismus hat Tell für unmöglich gehalten.
- Deshalb trifft ihn der Zwang zum Apfelschuss moralisch ins Mark und zwingt ihn zum Umdenken.

Zu 1.3
Tell – ein revolutionärer Held?
- Tells Entschluss, Geßler zu töten, ist nicht politisch motiviert. Sein Motiv ist der Schutz der eigenen Familie.
- Durch seine Verhaftung nach dem Wortbruch Geßlers wird der Mord verschoben.
- Nach dem geglückten Rettungssprung setzt Tell sein Vorhaben in die Tat um.
- Der sonst so Wortkarge rechtfertigt in der hohlen Gasse den Tyrannenmord in einem ausführlichen Plädoyer: Er fühlt sich als Vollstrecker einer strafenden göttlichen Gerechtigkeit, um die aus den Fugen geratene sittliche Weltordnung wiederherzustellen.
- Geßler hat sein Leben verwirkt, weil er sein Amt missbraucht, um seine Machtgier zu befriedigen.
- Die Ermordung Geßlers wird zwar zum Signal des Aufstandes, der durch Tells Tat vorzeitig ausbricht und zur Vertreibung der Vögte führt. Insofern ist Tells Mordtat in das politische Umfeld des Befreiungskampfes eingebettet. Aber er selbst versteht sich keineswegs als revolutionärer Held. Sein Motiv bleibt der Schutz der eigenen Familie und Heimat.
- Ebenso wenig wie den Anführern der Eidgenossen geht es ihm um eine Revolution im Sinne eines Umsturzes der gesellschaftlichen und politischen Ordnung. Ziel ist die Wiederherstellung der alten Ordnung und der Schutz der traditionellen Freiheitsrechte.
- Tell muss in diesem Sinn als ein konservativer Revolutionär gesehen werden. Mit dem Schweizer Befreiungskampf entwirft Schiller den konservativen Gegenentwurf zur Schreckensherrschaft der Französischen Revolution.
- Die Einzigartigkeit des Tyrannenmordes wird auch dadurch unterstrichen, dass Tell seine Armbrust an sicherer Stelle verwahrt. Es soll mit ihr kein Schuss mehr abgegeben werden.

Prüfungsaufgabe 2

2. Zustandekommen, Verlauf und Funktion der Rütli-Versammlung

Aufgabenstellung

2.1 Beschreibe die vorbereitenden Schritte für die Versammlung.
2.2 Schildere ihren Verlauf und ihr Ergebnis.
2.3 Erkläre die Funktion der Rütli-Szene für den Handlungsverlauf von Schillers Drama.

Lösungsvorschlag

Zu 2.1
- Die moralische Skrupellosigkeit der Landvögte zeigt sich bereits in der ersten Szene. Baumgarten hat den Landvogt Wolfenschießen erschlagen, als dieser seine Frau verführen wollte.
- Der Widerstand gegen die Tyrannei der Vögte wird zum ersten Mal in dem Gespräch Stauffachers mit seiner Frau Gertrud thematisiert: Gertrud fordert ihren noch zögerlichen Mann auf, seinen Freund Walther Fürst in Uri aufzusuchen und auch den Rat des Freiherrn von Attinghausen einzuholen, um einen gemeinsamen Aufstand zu organisieren.
- Der Bau der Burg Zwing Uri lässt den Widerstand weiter wachsen.
- Der zu Walther Fürst geflüchtete Melchthal fordert, den Kampf sofort zu beginnen, als er das grausame Schicksal seines Vaters erfährt. Ihm wird aber zu ein wenig Geduld geraten.
- Daraufhin entsendet man ihn nach Unterwalden, um die Stimmung in diesem Kanton zu erkunden und die dortigen Bauern für einen gemeinsamen Aufstand zu gewinnen.
- Man beschließt, auf dem Rütli eine nächtliche Versammlung abzuhalten, zu der die drei Kantone je 10 Vertreter entsenden sollen. Stauffacher, Walther Fürst und Melchthal legen den Schwur ab, dass die drei Länder „zu Schutz / Und Trutz, zusammen stehn auf Tod und Leben" (V. 742 f.).

Zu 2.2
- Nachdem die Abordnungen aus den drei Kantonen eingetroffen sind, bilden die 33 Männer einen Ring um eine Feuerstelle. Melchthal für Unterwalden, Stauffacher für Schwyz und Walther Fürst für Uri sind die Anführer ihrer jeweiligen Gruppe.
- Melchthal berichtet zunächst von dem unbändigen Widerstandswillen, den er in Unterwalden angetroffen hat. Er hat sich zudem in die Burgen Roßberg und Sarnen eingeschlichen, um die günstigsten Stellen für deren Erstürmung auszukundschaften.

- Er hat auch zwei unfreie Bauern mitgebracht. Diese werden auf Vorschlag Stauffachers als gleichberechtigte Mitglieder in die Versammlung aufgenommen.
- Auf Vorschlag Stauffachers wird dem Altlandammann Reding der Vorsitz übertragen.
- Ziel der Versammlung ist die Erneuerung des alten Bundes zwischen den drei Kantonen.
- Stauffacher fungiert als Wortführer und liefert eine ausführliche Rechtfertigung bzw. Legitimierung dieses Bundes: Er verweist auf die mühsame Besiedlung der Schweiz mit der Kolonisierung des Bodens und der Gründung von Siedlungen.
- Er beschwört ihre selbstgewählte und immer noch geltende Reichsunmittelbarkeit: Die Eidgenossen erkennen nur den König oder Kaiser als ihren obersten Herrn an. Die Vögte üben im Namen des Kaisers die Blutgerichtsbarkeit aus. Sie haben aber ihren Sitz außerhalb des Landes und werden von Fall zu Fall ins Land gerufen.
- Dem Kaiser leisten sie Heeresfolge, wenn sie zum Schutz des Reiches gerufen werden, ansonsten sind sie freie Leute, die sich selbst verwalten.
- Stauffacher erinnert auch daran, dass sie selbst dem Kaiser den Gehorsam verweigert haben, als er den Rechtsbruch des Klosters Einsiedeln zugelassen hat und durch einen erschlichenen Brief seinen Landbesitz erweitern wollte.
- Am Ende greift er zu dem überzeugendsten Rechtfertigungsargument für den Widerstand, er beruft sich auf das Naturrecht:

> „Nein, eine Grenze hat Tyrannenmacht,
> Wenn der Gedrückte nirgends Recht kann finden,
> Wenn unerträglich wird die Last – greift er
> Hinauf getrosten Mutes in den Himmel
> Und holt herunter seine ew'gen Rechte,
> Die droben hangen unveräuserlich
> Und unzerbrechlich wie die Sterne selbst –"
> (V. 1275–1281)

- Der Sternenhimmel erreicht auf diese Weise einen deutlichen Symbolwert.
- Gewalt als letztes Mittel ist nur erlaubt, wenn durch Tyrannei die Natur- und Menschenrechte mit Füßen getreten werden.
- Der Beschwichtigungsversuch des Pfarrers Rösselmann, Gewalt dadurch zu vermeiden, dass man freiwillig die Oberhoheit Österreichs anerkenne, wird als Landesverrat gebrandmarkt.
- Zum Beweis, dass man nichts unversucht gelassen hat, um eine friedliche Lösung des Konfliktes zu bewirken, schildert Konrad Hunn die schäbige Behandlung der Schweizer Delegation auf der kaiserlichen Pfalz Rheinfeld. Die Überreichung ihrer Bittschrift kam nicht zustande, weil sie gar nicht

bis zum Kaiser vordrang. Sie wurde mit der Begründung abgewiesen, der Kaiser habe keine Zeit.
- Man einigt sich am Ende, alle auferlegten Pflichten treu zu erfüllen, die Vögte möglichst ohne Blutvergießen aus ihren Schlössern zu verjagen, und hofft auf ein Einlenken des Kaisers, wenn er sieht, dass man sich Mäßigung auferlegt hat.
- Die Besetzung der Burgen wird auf Weihnachten verschoben. Man erwartet, dass die Vögte gegen die Zusicherung des freien Abzugs das Land verlassen werden.

Zu 2.3
- Die Versammlung ist die zwangsläufige Antwort auf die tyrannische Herrschaft der Vögte.
- Am Schicksal Baumgartens und Melchthals zeigt sich diese Zwangsherrschaft sozusagen an Fallbeispielen.
- Der symbolhafte Bau der Burg Zwing Uri provoziert die Eidgenossen und fordert damit den Widerstand heraus.
- Rütlischwur und Rütli-Versammlung sind das einigende Band unter den drei Kantonen.
- Sie bündeln den Widerstandswillen und stärken die Kampfbereitschaft.
- In der dramatischen Handlung dienen sie der Steigerung des Konfliktes, der in der folgenden Apfelschuss-Szene seinen Höhepunkt findet.

3. Die Apfelschuss-Szene (III,3)

Aufgabenstellung

3.1 Ordne die Szene in den Handlungsverlauf ein.
3.2 Beschreibe den Szenenverlauf. Charakterisiere dabei insbesondere das Verhalten Geßlers und Tells.
3.3 Erkläre die Funktion der Szene im dramatischen Konflikt.

Lösungsvorschlag

Zu 3.1

- Die Szene beendet den Handlungsverlauf des dritten Aufzugs.
- Zuvor versuchte Hedwig vergeblich, ihren Mann von dem Gang nach Altdorf abzuhalten, weil sich Geßler an diesem Tag dort aufhält.
- Sie befürchtet dessen Rache, weil Tell ihm einmal im Gebirge allein begegnet ist und ihn trotz günstiger Gelegenheit nicht getötet hat.
- Der Apfelschuss-Szene unmittelbar voraus geht das Gespräch zwischen Rudenz und Bertha, in dem diese ihm ihre Liebe nur zusichert, wenn er seine politische Einstellung ändert und sich auf die Seite der Eidgenossen stellt.
- Rudenz wandelt sich durch diese Begegnung zu einem glühenden Freiheitskämpfer, der sich in die vorderste Linie stellen will.
- Der Apfelschuss-Szene folgt die Selbstbefreiung Tells durch den Sprung vom Geßler-Schiff auf die Felsplatte.
- Nachdem der sterbende Freiherr von Attinghausen das visionäre Bild einer im traditionellen Sinne erneuerten freien Schweiz entworfen hat, wird Rudenz von Stauffacher, Walther Fürst und Melchthal als Bundesgenosse aufgenommen.
- Tell lauert schließlich Geßler in der hohlen Gasse auf und tötet ihn.

Zu 3.2

- Geßler hat mitten in Altdorf einen Hut aufstellen lassen und verlangt als Zeichen der Unterwerfung, diesen Hut zu grüßen.
- Daraufhin meidet die Bevölkerung den Platz. Pfarrer Rösselmann verspottet sogar die Verordnung, indem er sich mit einer Monstranz hinter den Hut stellt und so das Allerheiligste statt des Hutes verehren lässt.
- Der mit seinem Sohn Walther vorbeikommende Tell nimmt von dem Hut keine Notiz. Als Walther ihn auf den Hut aufmerksam macht, will er weitergehen, wird aber sofort von dem wachhabenden Frießhard verhaftet.
- Rösselmann, Stauffacher und Walther Fürst wollen Tell zu Hilfe kommen, aber dieser lehnt ihre Hilfe ab mit der Begründung, er sei in der Lage, sich selbst zu helfen.

- Der in diesem Moment eintreffende Geßler wirft Tell vor, ein Aufrührer zu sein, weil er den Hut nicht gegrüßt hat.
- Tells Entschuldigung, dass er nur aus Unachtsamkeit nicht gegrüßt habe, lässt Geßler nicht gelten.
- Er nutzt die sich bietende Gelegenheit, seine tyrannische Herrschaft voll auszuspielen.
- Er will Tell demütigen und an ihm ein abschreckendes Exempel statuieren. Mit seinem Befehl, aus achtzig Schritt Entfernung einen Apfel vom Kopf seines Sohnes zu schießen, beweist er, dass er mehr will, als nur Rache zu nehmen. Er weidet sich mit sadistischer Freude an dieser für Tell schier unlösbaren Aufgabe: Schießt er nicht, hat er sein Leben verwirkt, wagt er den Schuss, geht er das Risiko ein, seinen Sohn zu töten.
- Berthas Bitte, einem Vater eine so entsetzliche Tat zu ersparen, lehnt Geßler gnadenlos ab; auch das Angebot Walther Fürsts, ihm die Hälfte seines Besitzes zu übereignen, kann ihn nicht zum Einlenken bewegen.
- Wie nicht anders zu erwarten, bricht Tell seinen ersten Schuss ab, weil ihm die Hand zittert, und fordert Geßler auf, ihn zu töten.
- Geßler aber besteht auf dem Schuss, weil er erwartet, dass Tell dieser Anforderung nicht standhält.
- Höhnisch und mit geradezu teuflischer Freude kostet er das Leid Tells und die Auswegslosigkeit der Situation aus. Er könnte ihn sofort töten, aber legt, wie er sagt, „gnädig" sein Geschick in seine Hand: „Der kann nicht klagen über harten Spruch, / Den man zum Meister seines Schicksals macht." (V. 1934 f.)
- Seine Motive sind Neid und ein abgrundtiefer Hass auf einen von der Bevölkerung hoch angesehenen Mann, während ihm selbst nur Feindschaft entgegengebracht wird.
- Er will Tell nicht töten, sondern sein Versagen genießen und ihn als Mörder seines eigenen Kindes mit einem lebenslangen Schuldgefühl belasten (vgl. V. 1986 ff.).
- Während Rudenz Geßler öffentlich zum Tyrannen erklärt und ihn als seinen Verführer anklagt, ihn sogar zum Zweikampf auffordert, hat Tell, nachdem er einen zweiten Pfeil in den Köcher gesteckt hat, zu dem zweiten Schuss angelegt und den Apfel durchschossen.
- Geßler schenkt ihm das Leben, will aber wissen, warum er einen zweiten Pfeil eingesteckt hat. Er wiederholt sein Versprechen, ihm für die Erklärung das Leben zu schenken.
- Als Tell ihm daraufhin gesteht, dass er im Falle eines Fehlschusses ihn selbst mit diesem Pfeil erschossen hätte, lässt Geßler ihn verhaften und ins Gefängnis abführen.

Zu 3.3
- Im Dramenaufbau bildet die Apfelschuss-Szene den Höhepunkt des dramatischen Konflikts.
- Im ersten Aufzug wurde durch die Flucht Baumgartens in den Konflikt eingeführt.
- Im zweiten Aufzug steigert sich der Konflikt durch den Schwur und die Rütli-Versammlung kontinuierlich.
- In der Apfelschuss-Szene treten Tell und Geßler als Spieler und Gegenspieler auf.
- Die Tyrannei und Menschenverachtung Geßlers wird in drastischer Form vor Augen geführt. Damit erscheint das Recht auf Widerstand, wie es in der Rütli-Versammlung ausführlich begründet wurde, als unausweichlich und geradezu als eine Pflicht.
- Der Sadismus Geßlers provoziert den Entschluss Tells, ihn zu töten. Dieser Mord ist für Tell eine sittliche Pflicht.
- Mit dem Mord setzt Tell gleichzeitig das Zeichen zum Aufstand, der schließlich die Lösung des Konfliktes herbeiführt.

4. Die Frauengestalten

Aufgabenstellung

4.1 Charakterisiere das Verhalten von Bertha, Gertrud und Hedwig im Handlungsverlauf.
4.2 Erkläre ihre jeweilige Rolle und Funktion im dramatischen Konflikt.

Lösungsvorschlag

Zu 4.1
Bertha von Bruneck
- ist eine österreichische Adlige mit Landbesitz in der Schweiz,
- will ihre Ländereien dem Zugriff des Hauses Habsburg entziehen und distanziert sich deshalb von Geßlers Politik,
- erklärt sich solidarisch mit den Schweizern, aber das Volk zeigt ihr gegenüber eine große Reserviertheit. Man hält sie für eine Parteigängerin Geßlers.
- So lehnt man z. B. das Angebot ab, ihr Geschmeide für die Lebensrettung des beim Bau der Burg Uri verunglückten Dachdeckers zu verwenden.
- Um den Apfelschuss zu verhindern, versucht Bertha den unmenschlichen Befehl Geßlers als einen Scherz herunterzuspielen.
- Als sie erfahren muss, dass es ihm damit bitterer Ernst ist, distanziert sie sich öffentlich von ihm.
- Wie groß sowohl der Hass auf Geßler als auch ihre Solidarität mit dem Schweizer Volk ist, beweist sie bei der Begegnung mit Rudenz während einer Jagd.
- Sie wirft ihrem Geliebten Treulosigkeit und Verrat an seinem Volk und seiner Heimat vor, weil er sich zu einem „Sklave[n] Österreichs" machen ließ (vgl. V. 1604).
- Sie macht sogar ihre Liebe von seinem Parteiwechsel abhängig und erklärt ihm unmissverständlich, dass sie eher den verhassten Geßler heiraten werde als ihn, wenn er bei seiner Haltung bleibe.
- Sie erklärt ihm auch, dass sie selbst Opfer der habsburgischen Heiratspolitik ist. Nur er könne sie vor dem Verlust ihrer Besitzungen retten.
- Daraufhin wandelt sich Rudenz sofort zu einem glühenden Freiheitskämpfer, der sich in die vorderste Linie des Kampfes stellen will, um gleichzeitig Berthas Liebe zu gewinnen.
- Bertha stellt sich also nicht ganz ohne Eigeninteresse, aber dennoch auch aus Überzeugung auf die Seite der Schweizer.
- Nach dem erfolgreichen Freiheitskampf möchte sie als freie Bürgerin mit Rudenz in der Schweiz leben. Dieses Versprechen löst sie ein, indem sie am Ende auf ihre Adelsprivilegien verzichtet.

Gertrud Stauffacher
- ist die Tochter des edlen Iberg und hat vor ihrer Ehe mit Stauffacher in ihrem Elternhaus viele Gesprächsrunden der „Häupter des Volkes" miterlebt, verfügt deshalb über eine gewisse politische Bildung und ist über die Rechtslage in ihrer Heimat wohl informiert.
- Deshalb erkennt Gertrud auch sofort, was ihren Mann bedrückt, als dieser ihr von dem Neid Geßlers auf ihren Besitz und Wohlstand berichtet.
- Sie fordert ihren Mann auf, nicht weiter zu warten, bis Geßler auf ihren Besitz zugreife.
- Sie kennt die Stimmung in den Kantonen Uri und Unterwalden und bittet ihren Mann dringend, sofort die Initiative für einen gemeinsamen Befreiungskampf der drei Urkantone zu ergreifen.
- Alle von ihrem Mann vorgetragenen Bedenken bezüglich der schrecklichen Zerstörungen und der unschuldigen Opfer, die ein Krieg mit sich bringt, lässt sie nicht gelten. Auch die Zerstörung des eigenen Hauses nimmt sie dabei in Kauf.
- Aber erst als sie ihrem Mann erklärt, dass sie auch ihr eigenes Leben für die Freiheit opfern wolle und im Falle einer Niederlage den Freitod wählen werde, ist er endgültig überzeugt und begibt sich umgehend zu seinem Freund Walther Fürst, um mit ihm und dem Freiherrn von Attinghausen die ersten Schritte für den Aufstand zu besprechen.

Hedwig
- ist Tells Gattin, eine treu sorgende Hausfrau und Mutter zweier Söhne,
- sorgt sich stets um ihren Mann, wenn dieser als Alpenjäger unterwegs ist, weil in den Bergen überall Gefahren lauern,
- macht sich darüber hinaus aber auch große Sorgen wegen seiner spontanen Hilfsbereitschaft für Menschen in Not, wobei er oft sein eigenes Leben riskiert, wie z. B. bei der Rettung Baumgartens.
- Hedwig warnt Tell deshalb eindringlich vor dem Gang nach Altdorf, weil sie Unruhen befürchtet und Tell dort auf Geßler treffen kann, der sich nach ihrer Meinung an ihm rächen will.
- Im Unterschied zu ihrem Mann schätzt sie Geßler richtig ein, während Tell sich dem Irrtum hingibt, dass Geßler ihm dafür dankbar sei, dass er ihn trotz günstiger Gelegenheit seinerzeit nicht ermordet hat.
- Als Hedwig nach der Verhaftung Tells im Hause des Vaters ihren Sohn Walther unverletzt in die Arme schließen kann, wirft sie ihrem Mann Herzlosigkeit vor. Sie vermag nicht zu begreifen, wie ein Vater auf den eigenen Sohn zielen konnte.
- Alle Rechtfertigungsversuche Stauffachers und Melchthals lässt sie nicht gelten. Sie wirft ihnen vor, für die Zwangslage Tells mitverantwortlich zu sein, indem sie der Verhaftung Tells tatenlos zugeschaut haben.

- Sie befürchtet gleichzeitig, dass ihr Mann, der die Natur und die Freiheit über alles liebt, seine Gefangenschaft nicht überleben wird.
- Den geplanten Aufstand ohne die Hilfe Tells hält sie für chancenlos: „[...] Euch alle rettete der Tell – Ihr alle / Zusammen könnt nicht seine Fesseln lösen!" (V. 2370 f.)
- Als Tell nach der Ermordung Geßlers zurückkehrt und als Nationalheld gefeiert wird, ergreift sie seine Hand nur mit einer gewissen Scheu.
- Der Mord ist ihr ungeheuer, er übersteigt ihr Denkvermögen: „[...] wie kommst du mir wieder? – Diese Hand / – Darf ich sie fassen? – Diese Hand – O Gott!" (V. 3142 f.)

Zu 4.2
- **Bertha von Bruneck** trägt durch ihr kompromissloses Verhalten gegenüber Rudenz entscheidend zum Erfolg des Aufstandes bei.
- Rudenz und Melchthal sind die Hauptakteure bei der Eroberung der Burgen Sarnen und Roßberg, wobei sie Bertha aus den Flammen retten.
- Ihrem Wagemut ist die Vertreibung der Vögte in erster Linie zu verdanken.
- Durch den Verzicht Berthas auf ihren Adelstitel wird das Freiheitsideal zusätzlich unterstrichen. Gleichzeitig kann dieser Verzicht als ein Vorbild für die langfristige gesellschaftliche Entwicklung der Schweiz gesehen werden.
- **Gertrud** ist die eigentliche Initiatorin des Aufstandes. Sie und Bertha sind die Köpfe des Aufstandes im politischen Sinn.
- Erst die Opferbereitschaft Gertruds macht Stauffacher zum geistigen und politischen Führer im Freiheitskampf.
- **Hedwig** verfügt nicht über eine politische Bildung. Sie „denkt" mit dem Herzen und steht der Welt der großen Politik einigermaßen rat- und verständnislos gegenüber.
- Ihr Blick ist auf die Familie und engere Heimat gerichtet, deren Frieden sie unbedingt erhalten sehen möchte.
- Insofern stellt sie die Gegenfigur dar zu den politisch informierten und engagierten Frauen Bertha und Gertrud.

5. Vergleich der Szenen I,1 und V,2

Aufgabenstellung

5.1 Schildere die Eingangsszene und erkläre ihre Funktion für die Dramenhandlung.
5.2 Fasse die Parricida-Szene am Schluss des Dramas zusammen und erläutere ihre Funktion.
5.3 Vergleiche die beiden Szenen.

Lösungsvorschlag

Zu 5.1
Szene I,1

- In der ersten Szene wird die Schweiz als ländliche Idylle dargestellt: Am Ufer des Vierwaldstätter Sees blickt man auf eine Fischerhütte. Rund um den See liegen die grünen Matten von Schwyz im hellen Sonnenschein. In einem Kahn sitzt ein Fischerknabe, der ein Lied zu singen beginnt. In das Lied stimmen nacheinander ein Hirte und ein Alpenjäger ein.
- In den volksliedhaften Strophen des Kuhreihens wird zunächst ein harmonisches Naturbild gezeichnet, aber es klingen auch deutliche Zeichen von Bedrohung an: die tödlichen Gefahren des Wassers, die raue Hochgebirgslandschaft, in der der Alpenjäger seinem gefährlichen Beruf nachgeht.
- Die im Lied angesprochene potenzielle Bedrohung schlägt unmittelbar darauf in die reale Bedrohung eines aufziehenden Gewitters um.
- Während die Kühe des Freiherrn von Attinghausen von der Sommeralm abgetrieben und in ihrem Stall in Sicherheit gebracht werden, stürzt Konrad Baumgarten heran. Er befindet sich auf der Flucht vor den ihn verfolgenden Reitern des Landvogts Wolfenschießen, den er mit der Axt in der Badewanne erschlagen hat, als er seine Frau in ihrem eigenen Haus verführen wollte.
- Baumgarten bittet den Fischer Ruodi vergeblich, ihn mit seinem Kahn an das gegenüber liegende Seeufer in Sicherheit zu bringen.
- Ruodi hält eine Überfahrt bei stürmischer See für zu gefährlich. Als Familienvater kann er es nicht verantworten, sein eigenes Leben zu riskieren.
- Der zufällig vorbeikommende Tell wagt daraufhin, ohne zu zögern, die gefährliche Fahrt und rettet so Baumgarten in letzter Minute.
- Die heranstürmenden Reiter des Landvogts kommen zu spät. Aus Rache stecken sie die Fischerhütte in Brand und reiten mit ihren Pferden Seppis Schafherde nieder.
- Die Szene endet mit der verzweifelten Frage Ruodis: „Wann wird der Retter kommen diesem Lande?" (V. 182)

Funktion für die Dramenhandlung
- Im Rahmen der Exposition werden Ort und Zeit vorgestellt.
- Das Bild der idyllischen Schweiz erweist sich als trügerisch.
- Die tyrannische Herrschaft der Vögte wird an einem Beispiel demonstriert.
- Die Titelfigur wird in das Handlungsgeschehen eingeführt.
- Es deutet sich bereits an, dass nur ein Mann wie Tell der Retter der Schweizer Freiheit sein kann.
- In diese Rolle wächst Tell im Verlauf der Handlung hinein.

Zu 5.2
Szene V,2
- Während Hedwig zu Hause auf den heimkehrenden Mann wartet, klopft ein Mönch namens Parricida an ihre Tür und fragt nach Tell.
- Hedwig schöpft sofort Verdacht, dass der Mann in der Mönchskutte in Wahrheit kein Mönch ist.
- Kurze Zeit später kehrt Tell ohne seine Armbrust heim. Er versichert, dass er sie an heiliger Stätte abgelegt habe und nie mehr benutzen wolle.
- Hedwig zeigt ihrem Mann gegenüber eine gewisse Scheu. Anstatt ihn freudig zu umarmen, zeigt sie eine befremdliche Zurückhaltung. Sie zögert, seine Hand zu ergreifen, die einen Mord begangen hat.
- Als Tell den Mönch zur Rede stellt und dieser sich als Johannes von Schwaben, also als der Königsmörder, zu erkennen gibt, verweigert Tell ihm das Gastrecht.
- Parricida hat gehofft, bei dem Geßlermörder Verständnis und Hilfe zu finden, muss aber erfahren, dass er sich getäuscht hat.
- Tell bestreitet vehement die Vergleichbarkeit der beiden Morde: Er, Tell, habe aus Notwehr getötet, um seine Familie und seine Heimat vor einem Tyrannen zu schützen, und könne seine Hände rein in den Himmel heben, weil er nur sein Teuerstes verteidigt habe.
- Parricidas Motive für den Mord an seinem Onkel seien aber Ehrsucht, Habgier und Neid gewesen. Damit habe er die „heilige Natur" geschändet, die er, Tell, nur verteidigt habe. Tell weist ihn deshalb aus dem Haus.
- Er macht ihn darauf aufmerksam, dass er als Geächteter keine Überlebenschance hat.
- Um ihn vor dem sicheren Tod zu bewahren, erklärt Tell ihm aus Mitleid einen Schleichweg über die Alpen nach Rom, weil ihm nur der Papst für sein schweres Verbrechen Absolution erteilen könne.

Funktion für die Dramenhandlung
- Die Szene ist eigentlich eine hinzugefügte Nebenhandlung, die zur Deutung des Dramas nicht unbedingt notwendig wäre.
- Sie dient lediglich der nachträglichen nochmaligen Rechtfertigung des Mordes an Geßler.

- Die Kontrastierung mit einem hinterhältigen Meuchelmord aus egoistischen Motiven lässt Tells Tat in hellerem Licht erstrahlen.
- In der Figur des Parricida hat Schiller einen zweiten Gegenspieler zu Tell konzipiert. Wieder rettet Tell einen Menschen in Not. Hier zeigt er Mitleid mit einem reuigen Sünder, den er vielleicht vor dem verdienten Tod bewahren und aus einer Gewissensnot retten kann.

Zu 5.3
Szenenvergleich
- In beiden Szenen rettet Tell einen Menschen aus einer lebensbedrohlichen Situation. In I,1 bringt er Baumgarten vor den ihn verfolgenden Reitern des Landvogts Wolfenschießen in Sicherheit, in V,2 zeigt er Parricida einen sicheren Fluchtweg über die Alpen.
- Bei der Rettung Baumgartens setzt Tell sein eigenes Leben aufs Spiel, um einen Mörder zu retten, der aus Notwehr und im Affekt getötet hat, um die Vergewaltigung seiner Frau zu verhindern. Parricida hingegen hätte er ausliefern und sogar töten können, weil dieser als Königsmörder für vogelfrei erklärt war. Er gibt ihm aber stattdessen die Chance, nicht nur sein Leben, sondern auch sein Seelenheil zu retten, indem er ihn nach Rom schickt, um vom Papst die Absolution zu erhalten. Tell räumt also dem Seelenheil die Priorität gegenüber der irdischen Gerechtigkeit ein.
- I,1 zeigt die brutale Terrorherrschaft der Vögte, deutet aber gleichzeitig eine mögliche Rettung an, bei der Tell eine entscheidende Rolle spielen wird.
- V,2 verdeutlicht als Gegenbeispiel zu Parricidas Mord aus Neid und Habsucht den moralisch gerechtfertigten Tyrannenmord, ohne den Freiheit und Ordnung nicht wiederhergestellt werden können.

Literaturhinweise

Alt, Peter-André: Schiller. Leben – Werk – Zeit. 2 Bde. München: C H. Beck, 2000.

Berghahn, Klaus L.: Schiller. Ansichten eines Idealisten. Frankfurt a. M.: Athenäum, 1986.

Berghahn, Klaus L. / Grimm, Reinhold (Hrsg.): Schiller. Zur Theorie und Praxis seiner Dramen. Darmstadt: Wissenschaftliche Buchgesellschaft, 1972.

Berthel, Klaus: Im Spiegel der Utopie: *Wilhelm Tell*. In: Schiller. Das dramatische Werk in Einzelinterpretationen. Hrsg. von Hans-Dieter Dahnke und Bernd Leistner. Leipzig: Reclam, 1982. S. 248–267.

Borchmeyer, Dieter: Altes Recht und Revolution – Schillers *Wilhelm Tell*. In: Friedrich Schiller: Kunst, Humanität und Politik der späten Aufklärung. Hrsg. von Wolfgang Wittkowski. Tübingen: Niemeyer, 1982. S. 19–63.

Frisch, Max: Wilhelm Tell für die Schule. 29. Aufl. Frankfurt a. M.: Suhrkamp, 2015.

Häffner, Patrick: Widerstandsrecht bei Schiller. Frankfurt a. M.: Lang, 2005.

Hinderer, Walter: Von der Idee des Menschen: Über Friedrich Schiller. Würzburg: Königshausen & Neumann, 1999.

Kaiser, Gerhard: Idylle und Revolution. Schillers *Wilhelm Tell*. In: Richard Brinkmann (Hrsg.): Deutsche Literatur und Französische Revolution. Göttingen: Vandenhoeck und Ruprecht, 1974.

Koopmann, Helmut (Hrsg): Schiller-Handbuch. Darmstadt: Kröner, 2011.

Krischel, Volker: Textanalyse und Interpretation zu Friedrich Schiller, *Wilhelm Tell*. 3. Aufl. Hollfeld: Bange, 2015.

Luserke-Jacqui, Matthias (Hrsg): Schiller-Handbuch. Leben – Werk – Wirkung. Stuttgart: Metzler, 2011.

Mettler, Heinrich / Lippuner, Heinz: Friedrich Schiller, *Wilhelm Tell*. Das Drama der Freiheit. Paderborn: Schöningh, 1989.

Müller-Seidel, Walter: Friedrich Schiller und die Politik. München: C. H. Beck, 2009.

Neubauer Martin: Lektüreschlüssel Friedrich Schiller, *Wilhelm Tell*. Stuttgart: Reclam, 2004.

Oellers, Norbert: Schiller: Elend der Geschichte, Glanz der Kunst. Stuttgart: Reclam, 2006.

Oberkogler, Friedrich: Tell: Mythos, Geschichte, Dichtung. Dornach: Verlag am Goetheanum, 1991.

Safranski, Rüdiger; Friedrich Schiller oder Die Erfindung des deutschen Idealismus. München/Wien: Hanser, 2004.

Sautermeister, Gert: Idyllik und Dramatik im Werk Friedrich Schillers. Zum geschichtlichen Ort seiner klassischen Dramen. Stuttgart: Kohlhammer, 1971.

Stunzi, Lilly / Salis, Jean Rudolf von: Tell: Werden und Wandern eines Mythos. Bern/Stuttgart: Hallwag, 1973.
Suppanz, Frank: Erläuterungen und Dokumente. Friedrich Schiller, *Wilhelm Tell*. Stuttgart: Reclam, 2005.
Ueding Gert: Friedrich Schiller. München: C. H. Beck, 1990.
Ueding, Gert: *Wilhelm Tell*. In: Schillers Dramen. Interpretationen. Hrsg. von Walter Hinderer. Stuttgart: Reclam, 1992. S. 385–425.
Utz, Peter: Die ausgehöhlte Gasse. Stationen der Wirkungsgeschichte von Schillers *Wilhelm Tell*. Königstein/Ts.: Forum Academicum, 1984.
Volk, Stefan: Friedrich Schiller, *Wilhelm Tell* ... verstehen. Paderborn: Schöningh, 2013 (EinFach Deutsch).
Wölfel, Kurt: Friedrich Schiller. München: Deutscher Taschenbuch Verlag, 2005.

Stichwortregister

A
Albrecht I. 24, 29, 51, 70, 89
Apfelschuss 16, 93, 99
Armgart 19, 50
Aufbau des Dramas 86

B
Blankvers 25, 74, 82
Bundesbrief 68, 70, 88
Bund der acht Orte 70
Bürglen 29, 92

C
Chronicon Helveticum 68, 75

E
Eidgenossenschaft 27, 68–70, 82 f.

F
Französische Revolution 58–60, 68, 75 f., 94
Freiheitsbrief(e) 60, 70
Friede von Basel 70, 89
Frießhardt 13, 37

G
Geßlerhut 15, 38, 46, 103
Goethe, Johann Wolfgang 73–75, 77

H
Habsburg 11, 33, 43, 46, 70, 101
Heerbann 35, 60
Heeresfolge 12, 35, 69, 96
Heiliges Römisches Reich 69 f., 76 f, 88
Hohle Gasse 6, 17, 19, 27, 31, 49, 64, 94, 98

I/J
Idealismus (Philosophie) 58, 66, 73
Interregnum 69
Jambus 25, 74, 82
Johann(es) von Schwaben (Parricida) 6, 21, 51 f., 65, 105

K
Kant, Immanuel 66, 73
Karl der Kühne 70
klassisches Drama 23, 66, 82 f., 88
Königsmord 6, 83, 87, 106
Konrad Hunn 12, 60, 96
Kuhreihen 7, 25, 42, 104

L
Landenberg 20, 38
Landammann 27, 41, 69

M
Marignano 70
Morgarten 70
Murten 70
Mythos Tell 69

N
Nationalheld 28, 68, 77, 103
Naturrecht 10, 12, 35, 96

P
pathetischer Stil 25 f.
Pfeiffer von Luzern 8, 33

R
Reding 12, 36, 96
Reime 25
Rösselmann 15, 96, 98
Roßberg 11, 20, 43, 95, 103
Ruodi 7, 21, 29 f., 62, 92, 104
Rudolf von Habsburg 69
Rudolph der Harras 19 f.
Rütlischwur 13, 34–36, 60, 89
Rütli-Versammlung 11, 34, 60, 95

S
Sarnen 11 f., 20, 43, 95, 103
Schiller (Biographie) 71–74
Sempach 70

Sentenzen 25, 27, 31, 82
Sonderbundskrieg 68
Staatstheorie der Aufklärung 58
Symbolfigur Tell 77

T
Tell-Denkmal 67f.
Tellsplatte 68
Tellskapelle 68
Tyrannei 20, 32, 46, 50, 83, 100, 105
Tyrannenmord 27f., 32, 62, 66, 87, 89, 94, 106

U
Urkantone 68, 88, 102

W
Waldstätte(n) 69f., 88
Walther Tell 13–16, 29, 55, 98, 102
Weißes Buch von Sarnen 68, 88
Westfälischer Friede 70
Wolfenschießen 23, 34, 75, 87, 95, 104, 106

Z
Zwing Uri 9, 20, 34, 52, 95, 97

Lektürehilfen – Literatur erleben!

Für Sie ausgewählte Titel auf einen Blick:

Alfred Andersch
Sansibar o.d.letzte Grund
ISBN 978-3-12-923091-6

Bertolt Brecht
Der gute Mensch von Sezuan
ISBN 978-3-12-923153-1
Leben des Galilei
ISBN 978-3-12-923155-5
Mutter Courage und ihre Kinder
ISBN 978-3-12-923108-1

Georg Büchner
Dantons Tod
ISBN 978-3-12-923133-3
Lenz
ISBN 978-3-12-923089-3
Woyzeck
ISBN 978-3-12-923005-3

Annette von Droste-Hülshoff
Die Judenbuche
ISBN 978-3-12-923098-5

Friedrich Dürrenmatt
Die Physiker
ISBN 978-3-12-923148-7
Der Besuch der alten Dame
ISBN 978-3-12-923127-2
Der Richter und sein Henker
ISBN 978-3-12-923129-6

Joseph von Eichendorff
Aus dem Leben eines Taugenichts
ISBN 978-3-12-923157-9

Theodor Fontane
Effi Briest
ISBN 978-3-12-923135-7
Frau Jenny Treibel
ISBN 978-3-12-923105-0
Irrungen, Wirrungen
ISBN 978-3-12-923012-1

Max Frisch
Andorra
ISBN 978-3-12-923159-3
Biedermann und die Brandstifter
ISBN 978-3-12-923094-7
Homo faber
ISBN 978-3-12-923119-7

Johann Wolfgang von Goethe
Faust – Erster Teil
ISBN 978-3-12-923126-5
Iphigenie auf Tauris
ISBN 978-3-12-923062-6
Die Leiden des jungen Werther
ISBN 978-3-12-923006-0

Gerhart Hauptmann
Die Ratten
ISBN 978-3-12-923102-9

Wolfgang Herrndorf
Tschick
ISBN 978-3-12-923049-7

Judith Hermann
Sommerhaus, später
ISBN 978-3-12-923139-5

Hemann Hesse
Unterm Rad
ISBN 978-3-12-923092-3
Der Steppenwolf
ISBN 978-3-12-923107-4

E.T.A. Hoffmann
Der Sandmann
ISBN 978-3-12-923143-2
Das Fräulein von Scuderi
ISBN 978-3-12-923104-3
Der goldne Topf
ISBN 978-3-12-923106-7

Franz Kafka
Der Proceß
ISBN 978-3-12-923149-4
Die Verwandlung
ISBN 978-3-12-923145-6

Heinrich von Kleist
Marquise von O./ Erdbeben in Chili
ISBN 978-3-12-923144-9
Michael Kohlhaas
ISBN 978-3-12-923024-4
Prinz Friedrich von Homburg
ISBN 978-3-12-923056-5

Hartmut Lange
Das Haus in der Dorotheenstraße
ISBN 978-3-12-923138-8

J.M.R. Lenz
Der Hofmeister/ Die Soldaten
ISBN 978-3-12-923085-5

Gotthold Ephraim Lessing
Emilia Galotti
ISBN 978-3-12-923137-1
Nathan der Weise
ISBN 978-3-12-923068-8

Liebeslyrik
ISBN 978-3-12-923118-0

Lyrik des Expressionismus
ISBN 978-3-12-923122-7

Lyrik der Nachkriegszeit 1945–1960
ISBN 978-3-12-923013-8

Naturlyrik
ISBN 978-3-12-923088-6

Neue Sachlichkeit
ISBN 978 3 12 923052 7

Erich Maria Remarque
Im Westen nichts Neues
ISBN 978-3-12-923087-9

Friedrich Schiller
Don Karlos
ISBN 978-3-12-923044-2
Kabale und Liebe
ISBN 978-3-12-923065-7
Maria Stuart
ISBN 978-3-12-923151-7
Die Räuber
ISBN 978-3-12-923026-8
Wilhelm Tell
ISBN 978-3-12-923109-8

Bernhard Schlink
Der Vorleser
ISBN 978-3-12-923136-4

Robert Seethaler
Der Trafikant
ISBN 978-3-12-923113-5

Patrick Süskind
Das Parfum
ISBN 978-3-12-923117-3

Uwe Timm
Halbschatten
ISBN 978-3-12-923103-6

Im Buchhandel erhältlich.   Weitere Informationen unter www.klett-lerntraining.de